Itinerário catecumenal e maturidade cristã

Dados Internacionais de Catalogação na Publicação (CIP)
(Câmara Brasileira do Livro, SP, Brasil)

Alves, Gilberto Siqueira
Itinerário catecumenal e maturidade cristã /
Frei Gilberto Siqueira Alves. – Petrópolis, RJ :
Vozes, 2015.

Bibliografia.
ISBN 978-85-326-5151-8

1. Adultos – Educação cristã 2. Catequese – Igreja Católica
I. Título.

15-08379 CDD-264.36

Índices para catálogo sistemático:
1. Catequese bíblica : Primeira Eucaristia :
Cristianismo 264.36
2. Primeira Eucaristia : Catequese bíblica :
Cristianismo 264.36

Frei Gilberto Siqueira Alves, OFMCap

Itinerário catecumenal e maturidade cristã

EDITORA
VOZES

Petrópolis

Rua Frei Luís, 100
25689-900 Petrópolis, RJ
www.vozes.com.br
Brasil

Diretor editorial
Frei Antônio Moser

Editores
Aline dos Santos Carneiro
José Maria da Silva
Lídio Peretti
Marilac Loraine Oleniki

Secretário executivo
João Batista Kreuch

Editoração: Fernando Sergio Olivetti da Rocha
Diagramação: Sérgio Cabral
Capa: Ana Maria Oleniki
Ilustração de capa: Andréia Galvão

ISBN 978-85-326-5151-8

Editado conforme o novo acordo ortográfico.

Este livro foi composto e impresso pela Editora Vozes Ltda.

Dedicamos esta obra aos inúmeros catequistas e
vocacionados para uma catequese
bíblica e experiencial.

Sumário

Prefácio

"Os tempos mudam e nós com eles", dizia o poeta latino! Também o modo de evangelizar tem variado na Igreja conforme os tempos e a conjuntura dos povos.

O mistério da Encarnação é a chave para a "entrada" no peculiar das pessoas, marcadas por sua cultura.

Com o desaparecimento da "Cristandade", a Igreja se vê diante de um novo desafio, não a ela estranho, mas exigente: abordar os que não têm conhecimento de Cristo, como "querigma" e evangelizar os que foram apenas batizados!

O Espírito tem conduzido a Igreja de Cristo às fontes de seu caminhar, fazendo-a redescobrir o catecumenato e a pedagogia da iniciação à vida cristã.

Eis que a estes esforços se vem juntar a feliz contribuição de Frei Gilberto Siqueira Alves, OFMCap, que, com sua formação acadêmica e prática pastoral, nos brinda com a presente obra.

Trabalhando atualmente em nossa Arquidiocese de Teresina, onde a Iniciação cristã com adultos tem sido objeto de cursos, assembleias e itinerário para a nossa Comissão Catequética. Sentimo-nos agraciados e enriquecidos com este trabalho – Itinerário catecumenal e maturidade cristã – do nosso Frei Gilberto Siqueira, que espalhará pelo Brasil afora luzes e inspiração para a obra evangelizadora.

Dom Jacinto Furtado de Brito Sobrinho
Arcebispo Metropolitano de Teresina – PI
Presidente do Regional Nordeste IV

Prefácio

Introdução

O envolvente universo da catequese é desafiador em meio aos vários apelos que se apresentam no que se refere a formar pessoas para maturidade na fé. A importância da comunidade é comparada ao útero materno, onde são perceptíveis relevantes testemunhos de ressurreição. Para tanto, nossos jovens e adultos precisam ser acolhidos e estimulados! A Igreja aos poucos toma consciência, de que a catequese é tarefa de todos e não somente dos catequistas que nos finais de semana vão para a igreja exercer seu ministério, tão necessário para oxigenar a caminhada pastoral e motivar o senso de pertença à proposta transformadora e existencial de Cristo, que veio nos dar vida em abundância (Jo 10,10).

São variadas motivações dos jovens e adultos que vão até a Igreja para fazerem itinerário de fé: muitos deles nem sabem o que é ser cristão; uma boa parte foi batizada na Igreja quando eram crianças e jamais voltaram, outros não receberam suficiente catequese. Nem tudo é alarmante. Existe crescente número de jovens e adultos que sinceramente buscam aprofundar a fé a partir de ser nova pessoa em Cristo que os chamou à maturidade na fé. Esse caminho de conscientização cristã é tarefa eclesial, tendo no coração: "Ou educamos na fé, colocando as pessoas realmente em contato com Jesus Cristo e convidando-as para segui-lo, ou não cumpriremos nossa missão evangelizadora"[1].

1 *Documento de Aparecida*, n. 287.

Em um dado momento da vida, alguém nos falou sobre Jesus Cristo. Para acontecer o *kerigma* precisamos de alguém que o faça para o outro! Eis aí a necessidade do(a) catequista(a) motivado(a) a partir da proposta do Mestre que nos ensinou o caminho de intimidade com Deus, que passa pelo aprofundamento do que Ele quer de nós (At 8,26-40). Isso requer longo caminho sem pretensão, mas ao mesmo tempo na esperança de que a maturidade cristã é possível, pois somos cônscios de que Deus nos chama para gerar novos cristãos e cristãs maduros na fé. Ele nos dá sua graça manifesta no ardor e abnegação de tantos que se desgastam em função de uma catequese antenada com a vida de suas comunidades. Sim, Jesus está lá presente!

Pretendemos de maneira singela, com esta presente obra, ressaltar a importância dos tempos e as etapas que envolvem a iniciação à vida cristã de jovens e adultos; sendo bem-adaptadas segundo a realidade eclesial, vai enriquecer a caminhada missionária da Igreja. Ressaltamos também o valor do Rica que é ferramenta ritual importante nesse processo progressivo de maturidade cristã. Perceber a realidade e lançar esperança é condizente com a ótica da Igreja que busca responder a sede de Deus, tão presente no olhar e coração das pessoas. Não cabe postura ingênua, a práxis catequética clama por meios pedagógicos, didáticos e contextualizados para lidar com os jovens e adultos que pedem itinerário de fé consistente. Portanto, formação constante e o acompanhamento tanto para catequistas e catequizandos é questão de honra e necessidade de sobrevivência existencial da catequese de vertente catecumenal.

É notório o esforço da Igreja de chegar ao coração das pessoas. Naturalmente exige mais capacidade de articulação conjunta e permanente que surta efeito na catequese como um todo, ou seja, desde o *kerigma* até a mistagogia permanente. Assim sendo, chegaremos ao almejado, que é formar pessoas maduras na fé e multiplicadoras da graça recebida para em missão testemunharem o ressuscitado em novas posturas proféticas portadoras de protagonismo na comunidade de fé, chamada a ser berço de bonitas e sólidas experiências de maturidade cristã.

> A catequese que visa a "fé adulta" promoverá uma opção mais decisiva e coerente pelo Senhor e sua causa, ultrapassando as experiências de fé individualistas, intimistas e desencarnadas. A tarefa da catequese a serviço da *Iniciação à vida cristã* é promover um processo de aprofundamento e vivência da fé em comunidade[2].

Cremos ser possível chegarmos a essa meta. É bem verdade que os livros são um meio para a práxis catequética. Com prudente criatividade e sólida atualização poderemos avançar mais rumo a nova pessoa em Cristo Jesus. Sabemos que a catequese é dinâmica e o Espírito Santo sempre suscita novas abordagens. Confiemos no Senhor e façamos nossa parte com esperança e audácia de quem mostra o rosto de Cristo a tantos que ainda não fizeram a experiência do amor de Deus, em linguagem catequética. De certo modo, isso é lançar-se nas "periferias existenciais" de tantos corações que precisam da luz e do amor de Deus. O referido termo é felizmente usado pelo Papa Francisco e podemos adaptá-lo na catequese.

2 COMISSÃO EPISCOPAL PASTORAL PARA A ANIMAÇÃO BÍBLICO-CATEQUÉTICA. *Itinerário catequético:* Iniciação à vida cristã – um processo de inspiração catecumenal, p. 37.

Capítulo 1

1 Retomada da iniciação cristã de adultos a partir do Concílio Vaticano II

A caminhada de iniciação cristã percorrida pela Igreja dos primeiros séculos cristãos é maturação da fé em forma de vida nova a partir de Cristo. Os cristãos faziam a experiência de fé solidária na comunidade. O acompanhamento proveitoso, os tempos e etapas, a celebração dos sacramentos da iniciação cristã e a mistagogia formam o conjunto da maturidade e crescimento de fé e vida, tendo em mente e no coração que os mesmos anseios do Ressuscitado norteiam a vida dos que receberam os três primeiros sacramentos e são convidados à participação plena na comunidade.

Esta experiência dos primeiros cristãos é, hoje, inspiradora para uma catequese que solicita a necessidade de estruturação da iniciação cristã sob nova configuração, visto que a realidade dos interlocutores dessa ação é bem diversificada e não é suficiente administrar a eles os sacramentos da iniciação cristã (Batismo, Confirmação, Eucaristia). Isto porque muitos deles desconhecem o que é ser cristão e quais as motivações de pertença à Igreja e, ao mesmo tempo, há os que buscam crescer na fé e no compromisso sociotransformador na comunidade eclesial.

Assim, para dispor a esses interlocutores uma ação catequética de iniciação cristã é necessário compreender os elementos básicos da estruturação de seu processo nos primórdios do cristianismo, visto ser um pressuposto importante para propor uma catequese com tempos e etapas da iniciação cristã.

Ainda, para esse processo de igual importância é a compreensão e aplicação do Ritual da Iniciação Cristã de Adultos (Rica) como referencial fundamental em seu desenvolvimento ao propor os tempos e etapas da iniciação cristã. É bom lembrar que os elementos básicos da estruturação do processo de iniciação cristã nos primórdios do cristianismo são um pressuposto para a compreensão do Rica e sua aplicação ritual.

A Igreja, mediante a realidade dos adultos, é desafiada a rever sua atuação junto deles para que de modo eficaz, instrutivo e celebrativo possam receber os sacramentos da iniciação cristã. Nesta perspectiva, é ciente de que não se trata apenas do recebimento dos sacramentos, e sim trabalhar por meio dos tempos e etapas a questão da fé e motivação interior dos que pedem os sacramentos da iniciação cristã. No século XX, a Igreja, a partir da realidade de iniciação cristã retomada pelo Concílio Vaticano II (SC 65; 71), fez algumas adaptações focando esta intenção ao lançar o Ritual da Iniciação Cristã de Adultos. A sua flexibilidade, a pedagogia e abrangência pastoral são sem dúvida os pontos fortes de sua estruturação. Nesse processo, o bispo diocesano ou ministro delegado por ele pode fazer adaptação, no sentido de melhor corresponder ao contexto da comunidade, como também fazer presente os elementos essenciais que devem ser ressaltados.

No entanto, ao rever a proposta da catequese na perspectiva da progressividade da iniciação à vida cristã é necessário compreendê-la em três ciclos: a) decodificação e apropriação dos conceitos principais que envolvem esse processo; b) apropriação didática e pedagógica da metodologia catecumenal respeitando as variantes pastorais e catequéticas das igrejas particulares e locais; c) protagonismo concreto e consciente dos adultos na ação evangelizadora que faz parte da maturidade na fé. Acreditar nesse itinerário catecumenal implica mudar paradigmas que não respondem mais à realidade catequética e eclesial. Se assim fizermos seremos uma Igreja mais samaritana e sensível às "periferias existenciais" as quais o Papa Francisco nos alerta em suas catequeses e homilias realizadas mundo afora.

1.1 Resgate do modelo de iniciação cristã[3] dos primeiros séculos do cristianismo

A sólida experiência de iniciação cristã realizada pela Igreja concretizava a recepção aos três sacramentos iniciais, na mesma celebração. Essa modalidade visava a permanente unidade da graça de Deus na vida das crianças e adultos. A celebração dos sacramentos da iniciação cristã ministrada aos adultos[4] tem sua origem e desenvolvimento nos primeiros séculos do cristianismo. O Concílio Vaticano II retoma a caminhada formativa e sacramental, com alguns ajustes para melhor adaptar esse processo na vida de fé do adulto. Um dos pontos fortes dessa adaptação foi clarificar a conscientização do compromisso na comunidade de fé. Para confirmar a vida nova a partir dos sacramentos da iniciação enquanto vivência transformadora.

O panorama histórico sobre a iniciação cristã nos aponta a importância das etapas explicitadas no Rica, que traça com fidelidade a preparação e recebimento dos sacramentos da iniciação cristã. Coloca também a caminhada dos que desejavam fazer parte do cristianismo que tivessem um mínimo de contato com a mensagem de Cristo: "anúncio de Cristo ressuscitado" (batizando crê na Boa-nova) e "conversão" (o coração transformado: At 8,12; 16,14; 16,31) formam a espinha dorsal do itinerário pessoal em aderir ao Senhor presente na comunidade através de gestos de fé e doação.

3 "A antiga tradição da Igreja viveu esta iniciação aos três sacramentos exatamente como iniciação a todos os três juntos: eles eram conferidos em celebração única, mesmo às crianças. A sucessão dos três ritos nos é descrita desde o século II em textos já clássicos de Tertuliano. 'O corpo é lavado para que a alma seja purificada; o corpo é ungido para que a alma seja consagrada; o corpo é assinalado [com o sinal da cruz] para que a alma seja fortificada; o corpo é sombreado [pela imposição das mãos] para que a alma seja iluminada pelo Espírito Santo; o corpo é alimentado com o corpo e sangue de Cristo para que a alma se nutra de Deus'" (NOCENT, A. "Iniciação cristã". In: SARTORE, D. & TRIACCA, A.M. (orgs.). *Dicionário de Liturgia*. São Paulo: Paulinas, 1992, p. 594 [Trad. de I.F.L. Ferreira]) .

4 Cf. "O menor, antes dos sete anos completos, chama-se criança e é considerado não senhor de si; completados, porém, os sete anos, presume-se que tenha o uso da razão. O adulto que pretende receber o batismo seja admitido ao catecumenato e, enquanto possível, percorra os vários graus até a iniciação sacramental, de acordo com o ritual de iniciação, adaptado pela Conferência dos Bispos, e segundo normas especiais dadas por ela" (*Código de Direito Canônico*. 11. ed. São Paulo: Loyola, 2001, cân. 97, § 2; 851, § 1).

> O cristianismo primitivo não estruturou a iniciação cristã a partir do nada, mas assimilou e introduziu muitos elementos da iniciação religiosa comuns a toda a história religiosa da humanidade. Fazendo isso, não renegou a identidade cristã, mas fez com que o cristianismo se tornasse como que fermento e levedo da humanidade. Infelizmente nem sempre a Igreja foi tão clarividente e muitos problemas de evangelização teriam sido evitados se os primeiros missionários tivessem tido uma visão mais positiva das riquezas iniciáticas dos povos e culturas[5].

Por ser iniciação cristã, remete-nos a Jesus, "Cristo que é ao mesmo tempo mediador e plenitude de toda a revelação"[6].

No Novo Testamento não se fala de iniciação nem tampouco de catecumenato de modo explícito, mesmo assim percebemos as origens da preocupação de beneficiar aqueles que pedem, ou seja, aceitam o Ressuscitado em seu coração, mediante o anúncio do Evangelho. "A partir de Pentecostes o batismo aparece como o ato pelo qual alguém se torna membro da Igreja"[7]. O batismo é realizado depois de a pessoa ter escutado a Boa-nova de Jesus. Esse primeiro sacramento é fundamental para os novos cristãos inseridos na dinâmica do Evangelho.

> Em Pentecostes, 3.000 são batizados depois da pregação de Pedro (At 2,14-36), os samaritanos depois da evangelização de Filipe (At 8,5.12), o eunuco depois da explicação do sentido do texto de Is 53 por Filipe (At 8,28-35), Cornélio, pagão, depois da pregação de Pedro (At 10,34-43), Lídia (At 16,13-14), o carcereiro (At 16,32), Cristo (At 18,4-5) e os discípulos do Batista em Éfeso (At 19,4-5) são todos batizados depois da pregação de Paulo. Esta breve síntese da fé cristã se tornará com o tempo o núcleo da catequese posterior[8].

5 CODINA, V. & IRARRAZAVAL, D. *Sacramentos de iniciação*. "Água e espírito de liberdade", p. 49.

6 COMPÊNDIO DO VATICANO II. *Dei Verbum*, n. 2.

7 CODINA, V. & IRARRAZAVAL, D. Op. cit., p. 56.

8 Ibid, p. 57.

Esses exemplos ilustram o clima de adesão ao cristianismo. Escutava-se a mensagem evangélica e depois vinha o Sacramento do Batismo que, na caminhada do cristianismo nascente, é algo consequente de pertença ao Ressuscitado. Desde o princípio o batismo foi rito de iniciação cristã, sinal de incorporação ao povo da aliança e símbolo do perdão de Deus. "O batismo cristão significa o compromisso de acabar com a injustiça e construir uma sociedade justa, para o que Deus concede o Espírito Santo"[9]. Ao receber o batismo, o cristão se torna luz em meio às perseguições que estavam acontecendo por causa da adesão ao cristianismo. Era uma espécie de antecipação do martírio, uma vez que as autoridades judaicas não toleravam os cristãos. Esse ato de fé era provado no mais alto nível de doação: o da própria vida. A união da comunidade na oração e no testemunho eram sinais da presença do Espírito Santo prometido por Jesus aos seus discípulos, para difusão do Evangelho nos mais diversos lugares:

> Ide, pois, ensinai todas as gentes, batizando-as em nome do Pai, do Filho e do Espírito Santo. Ensinando-as a observar todas as coisas que vos mandei. Eu estarei convosco todos os dias, até o fim do mundo (Mt 28,19-20).

Essas palavras, colocadas na boca de Jesus pela comunidade, foram o pano de fundo do ímpeto evangelizador dos cristãos. O anúncio do Evangelho foi desde o início parte da identidade dos seguidores de Cristo. Seguimento e anúncio andam juntos. O cristão, por sua vez, é convidado a testemunhar publicamente a vida nova que pulsa em comunidade, pois ninguém é cristão sozinho. Não cabe, portanto, uma postura de espiritualidade intimista, como se houvesse monólogo ou conversa sozinho com Deus e pronto. Nesse sentido compreende-se que o batismo se torna salvação plena à medida que se deixa a apatia religiosa de uma vida sem profetismo ou anestesiada da realidade e se assume o homem novo motivado que, segundo a teologia paulina, vê em Cristo nova razão de viver e dá sabor à vida. Nesta perspectiva:

9 FLORISTÁN, C. *Catecumenato*: história e pastoral da iniciação, p. 65.

> Batizar-se é algo mais que salvar-se: é reconhecer que estamos salvos, é aceitar que o gesto sacramental está intimamente relacionado com o batismo de Jesus, isto é, com o ato histórico da morte do Senhor e de sua ressurreição, que é salvação radical do mundo e dos homens[10].

A prática de Jesus Cristo incutiu nos discípulos o ardor crescente de estar em permanente evangelização e vivência dos valores cristãos. O batismo tenta colocar a pessoa nessa busca de ser outro "cristo" no mundo. Os que vão aderindo ao Senhor despertam para essas realidades em suas vidas. A confiança das pessoas que recebiam o batismo era tão grande que os elementos essenciais do catecumenato estavam presentes: a escuta da Palavra de Deus, a fé como condição de crescimento cristão e humano, a conversão e a participação efetiva na comunidade eclesial. Podemos dizer que o catecumenato estava em sintonia com o início do cristianismo, pois as expressões pregação, evangelização, fé, catequese e batismo faziam parte da identidade dos seguidores cristãos[11].

No segundo século do cristianismo dá-se a organização e expansão do catecumenato. Os cristãos deviam estar convencidos de sua fé, se possível dar a própria vida em nome de Cristo e de sua causa. Tinha relevância a pertença à comunidade cristã, como requisito indispensável de adesão à mensagem evangélica. O catecumenato surge como caminho de maturidade cristã e de ser nova pessoa revestida dos valores evangélicos. Contudo, em muitos lugares a aplicação catecumenal era diferente. Isso certamente não alterava o fato de que no catecumenato adquirissem o conhecimento da fé cristã e manifestassem o testemunho cristão e transformador dos que seguiam a pessoa de Cristo. É bom observar que no objetivo percebia-se relevante unidade. Os adultos eram estimulados na fé, queriam uma vivência espiritual e concreta para suas vidas e a comunidade fazia parte no acompanhamento desses novos cristãos[12]. Para que isso se concretizasse

10 Ibid., p. 66.

11 Cf. IRMÃO NERY. *Catequese com adultos e catecumenato*: história e proposta, p. 33.

12 Cf. ESPEJA, J. *Sacramentos*, p. 24.

propunha-se aos catecúmenos: o anúncio da mensagem, sua admissão ao catecumenato, pregação remota e próxima para o ingresso na comunidade cristã. Ao percorrer esses passos de crescimento na fé, o catecúmeno progride na ação transformadora em comunidade, sendo um novo "cristo" para os irmãos.

Essa bela experiência do catecumenato, inspiradora das mudanças do fazer catequético, tem sua origem na comunidade dos apóstolos, não de maneira explícita como se imagina. Um olhar histórico na organização do catecumenato e seu processo de instrução nos revelam que, embora no século II, tenham-se importantes documentos[13] que fazem referência à preparação catecumenal, ou pelo menos colocam em evidência a preparação para o recebimento dos sacramentos da iniciação cristã. A organização do catecumenato e seu processo de instrução foram concretizados nos séculos III e IV, ditos melhores épocas do florescimento do catecumenato. É relevante esse olhar histórico. Houve a existência de certo clima de acusação de que o cristianismo tivesse imitado os ritos pagãos na aplicação dos ritos sacramentais.

> Nos séculos II e III os apologistas cristãos criticam os interlocutores pagãos que comparam os ritos cristãos aos das religiões mistéricas. Sua reação tem em comum que não tomam nada emprestado aos ritos pagãos. Porém, ao mesmo tempo, eles admitem uma analogia às formas rituais, que Justino e Tertuliano atribuem às falsificações do demônio[14].

Não podemos negar que, enquanto inspiração, a tradição cristã fez alguns ajustes das práticas das religiões chamadas mistéricas[15]. A diferença essencial se encontra no que é específico do cristianismo para a vida da comunidade.

13 As duas obras de São Justino: *Apologias e diálogo com o judeu trifão e a Didaqué ou doutrina dos apóstolos* (70-120 d.C.).

14 LELO, A.F. *A iniciação cristã*: catecumenato, dinâmica sacramental e testemunho, p. 29.

15 Mais informações podem ser encontradas no texto do Pe. Luiz Alves de Lima, intitulado *Catequese com adultos e iniciação cristã*, p. 318-354. • CNBB. *Segunda Semana Brasileira de Catequese* [Estudos da CNBB, n. 84].

No cristianismo, os ritos[16] não são mágicos nem têm conotação politeísta, muito menos pagã. A visão de iniciação cristã desse século II é bem esclarecedora, pois é a partir daqui que a estrutura do catecumenato vai criando raízes na comunidade cristã. A iniciação cristã torna-se aos poucos consistente e são muitos os simpatizantes admitidos para uma nova vida mediante a aceitação do Evangelho de Jesus Cristo.

> A denominação "catecúmeno", dada especificamente aos que se preparam ao batismo, é do começo do século II do cristianismo. Trata-se de alguém que entra na dinâmica de deixar a Palavra de Deus fazer eco dentro de si, o que é possível através de "atitude de atenção, escuta, ajuste da vida à Palavra de Deus". O objetivo é chegar a aprofundar a fé, como adesão pessoal a Jesus Cristo e ao que ele revela, adesão dada como consequência do *kerigma*[17].

No cristianismo nascente esses sentimentos estavam presentes no contexto da expansão do Evangelho às várias culturas, ou seja, por parte dos que se convertiam. A esses primeiros cristãos é apresentada a doutrina dos apóstolos ou Didaqué (70-120 d.C.), na qual, em forma de manual, revelam-se os aspectos sobre a instrução dos catecúmenos, obrigações morais e sociais, reunindo um conjunto doutrinal e catequético, como também contempla a liturgia e instruções disciplinares[18].

16 Podemos perceber que o batismo cristão traz consigo influência do judaísmo. No tempo da gênese da Igreja, os judeus aceitavam em seu convívio pessoas não israelitas; para tanto, teriam que renunciar ao politeísmo para poderem participar do judaísmo com direitos e deveres: são chamados "tementes a Deus" ou "prosélitos" (At 13,43; 16,14). Os pagãos convertidos ao judaísmo eram introduzidos na sinagoga mediante um rito. "Havia rabinos que equiparavam um pagão, batizado ao modo prosélito, com um verdadeiro judeu, ambos podiam comer a Páscoa. Em geral, o batismo, como imersão total, ocorria aos oito dias da circuncisão como sinal de incorporação à comunidade israelita e como perdão dos pecados ou libertação de total impureza pagã. Não devemos esquecer que se tratava de um autobatismo (o que nunca aconteceu no cristianismo). No batismo dos prosélitos estava implícita a aceitação da fé e da lei judaica. Realizava-se então uma codificação ritual que se desenvolvia em três aspectos (exame ou julgamento, período de instrução e os ritos) quanto à adesão ao judaísmo do prosélito a fazer parte dessa religião monoteísta" (FLORISTÁN, C. *Catecumenato*: história e pastoral da iniciação, p. 59-60).

17 IRMÃO NERY. Op. cit., p. 40-41.

18 Cf. *Padres Apostólicos*, 1995, p. 335-360.

Muito embora ainda não haja referência sobre uma maior estruturação dos sacramentos da iniciação cristã, aparecem, porém, os elementos básicos da iniciação que permitem perceber a seriedade desse processo de instrução que não deixa dúvida sobre o fato de haver, no segundo século do cristianismo, realmente sensibilidade formativa, acompanhamento dos que queriam ser cristãos. A. Hamman sintetiza essa situação:

> O batismo cristão aparece na Didaqué como rito pelo qual o candidato se converte em membro da Igreja e da comunidade local e se compromete a seguir, "o caminho da vida". Exerce uma ação purificadora e permite participar da Eucaristia. O perdão dos pecados não é totalmente claro; este implica, também, que não se pode participar do culto se não estiver com a alma purificada. A ação purificadora não se aprofunda muito. A regeneração e a conversão operadas pelo Espírito no batismo nem sequer são colocadas[19].

Na Didaqué (doutrina dos apóstolos) ainda não se apresenta com clareza a unção (Confirmação). Já sobre a Eucaristia, encontra-se o alerta para não profaná-la, devendo ser realizado dignamente o banquete e a pessoa tem que estar preparada inteiramente para o seu recebimento digno e frutífero. "Ninguém coma nem beba da Eucaristia, se não tiver sido batizado em nome do Senhor, porque sobre isso o Senhor disse: Não deem as coisas santas aos cães"[20]. Dois pontos destacam-se nitidamente sobre este processo: a Eucaristia era concebida, dentro de uma refeição participada pelos batizados, também como sacramento de unidade da Igreja. A preparação individual era fundamental e pré-requisito para vivência harmoniosa do sacramento e boa convivência na comunidade.

19 Texto no original: "El bautismo cristiano aparece en la Didakhe como el rito por el cual el candidato se convierte en miembro de la Iglesia y de la comunidad local y se compromete a seguir 'el camino de la vida'. Ejerce una acción purificadora y permite participar en la Eucaristía. El perdón de los pecados, si bien no es netamente afirmado, esta implicado em ello, puesto que el hombre no puede participar en el culto sino con el alma purificada. En la acción purificadora no se profundiza mucho. La regeneración y la transformación operadas por el Espíritu en el bautismo ni siquiera son enunciadas" (HAMMAN, A. *El batismo y la confirmación*. Barcelona: Helder, 1970, p. 73).

20 *Padres Apostólicos*. Op. cit., p. 353.

Outra preciosidade do século II é a figura e os feitos de São Justino de Roma († 165 d.C.). Sua contribuição foi a de ter concedido muitas informações sobre a prática do Batismo e da Eucaristia apresentada em suas apologias, consideradas as melhores deste período. Nelas as informações concedem a ideia sobre a caminhada cristã, desse tempo, com riqueza de detalhes e defesa do cristianismo. Para ele o cristianismo não é uma doutrina, mas uma pessoa: o Verbo encarnado e crucificado, Jesus Cristo.

Sobre o batismo São Justino é quem fez sua primeira descrição de como preparar-se para recebê-lo, de seu rito e significado para a vida de fé aos que são admitidos na comunidade eclesial, como também o chama de iluminação. Seus ensinamentos, ainda, versam como os futuros cristãos devem rezar, jejuar e se portar. Percebe-se já nesse tempo que as pessoas da comunidade participam ativamente da nova vida de fé assumida pelos novos cristãos, pois a comunidade jejuava e rezava com eles, acompanhando-os. Nesse processo a ação trinitária é ressaltada por Justino, deixando claro que sem a graça de Deus seria em vão tais eventos sacramentais em suas vidas[21].

Boróbio, teólogo que reflete sobre os sacramentos da iniciação cristã, diz que Justino ressalta os quatro aspectos da preparação batismal: "Ensinamento ou catequese, oração para o perdão dos pecados, participação da comunidade e a preparação imediata"[22]. Depois de realizado isso, segue-se a celebração do batismo. A vida em Cristo dá novo sentido para o adulto, bem como a comunidade de fé ganha mais um membro, não para somar, mas sim como esperança de que a Palavra de Deus vai iluminar seus passos na caminhada rumo à plena estatura em Cristo refletida no amor aos irmãos.

O século II pode ser considerado a época de desenvolvimento do catecumenato como um processo de organização sólida que contribuiu para o crescimento da Igreja e possibilitou aos que entravam no cristianismo participar e

21 Cf. HAMMAN, A. *Os Padres da Igreja*, p. 33-34.

22 Texto no original: "Enseñanza o catequesis; oración para el perdón de los pecados; participación de la comunidad; ayuno de preparación imediata" (BOROBIO, D. *La iniciacion cristiana*: Bautismo, educacion familiar, Primera Eucaristia, catecumenado, confirmacion, comunidad criatiana. Salamanca: Sígueme, 1996, p. 74).

partilhar com maior propriedade dos anseios de Jesus. Para tanto, a animação e acompanhamento catequético se mostram traços marcantes desse período. Assim, gradativamente, as comunidades cristãs aumentavam e se tornavam significativas, pois os que aderiam ao Senhor encarnavam em suas vidas o Cristo que transformava os corações e a vida da comunidade. Estes acontecimentos, dentre outros, permitem situar a instituição do catecumenato no fim do século II.

O período de maior organização do catecumenato e da catequese é vislumbrado nos séculos III e IV do cristianismo. A evolução e eficiência do catecumenato são admiráveis pela seriedade, organização e profundidade. Eis aí a tríade que traduz o contexto catecumenal da caminhada da Igreja nesses séculos[23].

A Igreja se organiza de maneira bem consistente no tocante à aceitação e formação dos que pediam para fazer parte do cristianismo. O traço singular do cristão é ter consciência de pertença à Igreja de Cristo. Para isso, o catecumenato contribui, através dos estágios processuais de conversão, crescimento na fé, vivência formativa para posteriormente receber os sacramentos da iniciação cristã com a incumbência da caminhada mistagógica, garantindo o núcleo dessa formação que se configura pelo acompanhamento que comporta fundamentalmente: anúncio da Boa-nova de Cristo ressuscitado, fé, admissão ao catecumenato e preparação para o ingresso pleno na comunidade cristã. No que se refere ao fim do catecumenato, é feito o discernimento comunitário, acontecem os ritos do batismo com a imposição das mãos e a participação na Eucaristia. Os neófitos continuam recebendo instrução sobre os mistérios cristãos ou "catequeses mistagógicas"[24], sendo ressaltados os verdadeiros va-

23 Cf. CODINA, V. & IRARRÁZAVAL, D. Op. cit., p. 59.

24 Sugestão de leitura complementar: SÃO CIRILO DE JERUSALÉM. *Catequeses pré-batismais*. Petrópolis: Vozes, 1978 [Trad. de Frei Frederico Vier e Frei Fernando A. Figueiredo]. (Século IV: são 18 catequeses batismais. Expor durante a Quaresma em preparação para o batismo e as cinco catequeses mistagógicas dirigidas aos neobatizados.) • SANTO AMBRÓSIO. *Os sacramentos e os mistérios* – Iniciação cristã nos primórdios. Petrópolis: Vozes, 1972 [Trad. de Dom Paulo Evaristo Arns]. (Preparação ao recebimento dos sacramentos da iniciação cristã. Faz bela explicação do Pai-nosso.) • SANTO AGOSTINHO. *A instrução dos catecúmenos*: teoria e prática. Petrópolis: Vozes, 1973 [Trad. de Maria da Glória Novak]. (Pedido do diácono, *Deogratias*, sobre como devia proceder na instrução dos que pediam para se tornarem cristãos. Agostinho dá orientações de catequese.)

lores da espiritualidade cristã e suas implicações na vida cristã[25]. É notável a consistência da Igreja dos séculos III e IV no acompanhamento formativo e relacional do adulto para o crescimento de fé. Era verificada cuidadosamente a intenção dos que pediam para ser cristãos. Não adiantava só querer ser cristão, essa era a questão.

> No século III, o tempo de preparação ao batismo tem organização própria: os catecúmenos, na verdade, para ele se preparam geralmente durante o período de três anos: é o que atesta Hipólito[26] de Roma na sua Tradição apostólica. Tertuliano exorta os catecúmenos a se prepararem para o batismo "com orações assíduas, jejuns, prostrações e vigílias". Ele distingue nitidamente o batismo com água do dom do Espírito que se recebe com a imposição da mão; assim sendo, no batismo ele parece ver somente efeito negativo: a remissão dos pecados, pois o Espírito é dado com a imposição da mão[27].

Na Tradição Apostólica encontra-se a abordagem sobre a iniciação cristã, contemplada na segunda parte desta obra, na qual as etapas são detalhadas de modo a permitir ao leitor intuir sobre a real vida de fé dos que são preparados, para posteriormente receber os sacramentos da iniciação. Assim, ao se observar o envolvimento da Igreja na formação dos adultos, desde os primeiros séculos cristãos, manifesta que cabe aos membros da Igreja local a missão de promover e acompanhar o desenvolvimento do itinerário de fé e vida daque-

25 Cf. ESPEJA. Op. cit., p. 24-25.

26 Santo Hipólito de Roma é do final do século II e início do século III. Seus escritos são de grande valor para a Igreja. O seu mérito diz respeito a um escrito chamado Tradição Apostólica, onde relata os usos litúrgicos de Roma no início do terceiro século. De modo geral, dos muitos livros litúrgicos promulgados pela Igreja, podemos perceber seus traços visíveis enquanto origem nessa obra. Basta lê-lo e confrontá-los. "A *traditio* contém os ritos de ordenação (bispos, presbíteros, diáconos); instituição das viúvas, leitores, virgens, subdiáconos; normas para o catecumenato e rito do batismo; prece eucarística; lucernário; ágape; jejum; normas concernentes à conservação da Eucaristia e ao jejum eucarístico; horas de oração; cemitério, uso do sinal da cruz etc." (MARSILI, S. et al. *Panorama histórico geral da liturgia*. São Paulo: Paulinas, 1986 [citação retirada na nota de rodapé n. 8, p. 49].

27 NOCENT, A. "Iniciação cristã". Op. cit., p. 595.

les que buscam o seguimento a Cristo. Nesse sentido, ainda hoje, servem de inspiração as narrativas que retratam as situações (renúncias a satanás e suas seduções) que na liturgia geravam nos adultos o enfrentamento das situações de morte. Portanto, as palavras empregadas não eram vazias, mas expressavam o significado da conversão enquanto um modo concreto do adulto agir em relação à vida em Igreja, de comportar-se. Tratava-se a conversão, nesse processo, como forma de resguardar o quanto a comunidade esperava ter esses adultos plenamente restabelecidos na comunidade. A insistência de três anos de preparação configura uma espécie de provação para ser confirmada a consistência dos novos cristãos. A fé é mais do que disposição interior ou mera divagação pessoal. É lapidar-se cotidianamente e testemunhar a conversão no chão da realidade[28].

A importância da Tradição Apostólica em relatar as ações rituais durante a celebração dos sacramentos da iniciação é uma prova inequívoca de querer vivenciar o que se celebra. É salutar se sentir tocado pela participação litúrgica com o coração.

O que foi exposto não deixa dúvida quanto às qualidades exigidas pela Igreja, para que a pessoa manifeste sinais de conversão, expressando concretamente em sua vida atitudes evangélicas. Já a partir dos séculos III e IV é possível identificar as linhas gerais que norteiam as etapas de iniciação cristã[29], a saber:

> **a)** Acolhida: os que eram trazidos, pela primeira vez, para ouvir a Palavra de Deus sejam primeiramente conduzidos à presença dos catequistas – antes da entrada do povo – e sejam interrogados sobre o motivo pelo qual se aproximam da fé. Eles deem o testemunho deles, aqueles que os tiverem conduzidos[30]. Era esta "Etapa

28 Cf. HIPÓLITO DE ROMA. *Tradição Apostólica*: Liturgia e catequese em Roma no século III, p. 20-21.

29 CODINA, V. & IRARRAZAVAL, D. Op. cit., p. 59.

30 "Este passo da Tradição Apostólica não trata da inscrição para o batismo, mas da simples aceitação para o catecumenato." (HIPÓLITO DE ROMA. *Tradição Apostólica*. Op. cit., p. 46, nota n. 71).

necessária para os que vinham do paganismo ou da heresia"[31]. O rigor era tão grande que algumas ocupações[32] simplesmente eram proibidas, ou seja, incompatíveis com o ser cristão. No entanto:

> Deve ser dito que os filhos das famílias cristãs não eram obrigados a passar pela etapa da candidatura, mas entravam diretamente no catecumenato. Santo Agostinho, que viveu esta experiência em criança, os considera já "cristãos", embora ainda não "fiéis"[33].

b) Catequese: o progresso do catecumenato deve-se muito ao trabalho da catequese. As exigências na aceitação e acompanhamento organizado dos jovens e adultos mostram o quanto, desde o cristianismo nascente, se tratava com seriedade a preparação catecumenal. Os catecúmenos ouviam a Palavra durante três anos. Se houvesse alguém atento e dedicado, não se lhe consideraria o tempo: somente o seu caráter – nada mais – seria julgado. No entanto, mesmo consideradas "prontas" para receber o batismo, algumas pessoas "fugiam" das exigências da vida cristã adiando o batismo até o final da vida. Sobre isso se encontram numerosas homilias dos Padres da Igreja contra esta excessiva dilatação do batismo[34].

Essa prática de adiar o batismo para próximo da morte vai-se realizando aos poucos nos séculos seguintes. Um exemplo desse costume foi o Imperador

31 CODINA, V. & IRARRAZAVAL, D. Op. cit., p. 59.

32 "Os trabalhos e artes proibidos: O que mantém casa de prostituição; o escultor ou pintor será ensinado a não fazer ídolos; o que é ator ou representa no teatro. O que é gladiador; o soldado que recebe o poder de matar. Não sejam apresentados à inquirição o mágico, o feiticeiro, o astrólogo, o adivinho, o intérprete de sonhos, o charlatão, o falsário e o fabricante de amuletos; a concubina" (HIPÓLITO DE ROMA. *Tradição Apostólica*, p. 47-49).

33 CODINA, V. & IRARRAZAVAL, D. Op. cit., p. 60.

34 Ibid., p. 60.

Constantino. Nesta perspectiva o objetivo por excelência da etapa catecumenal consiste em amadurecer a conversão, já na fase da evangelização recebida pelo catecúmeno. Assim, ao serem escolhidos os que receberiam o batismo, suas vidas seriam examinadas: se viveram com dignidade enquanto catecúmenos, se honraram as viúvas, se visitaram os enfermos e se praticaram boas ações. Testemunharem sobre eles os que tiveram apresentado, dirão como agiram e como ouviram o Evangelho. Os que receberão o batismo jejuarão na véspera do sábado; e no sábado, serão reunidos em um só local, designado pelo bispo[35]. E no Domingo da Epifania o bispo, na liturgia, convoca os catecúmenos para tomarem a decisão definitiva, já que a Quaresma diz respeito à preparação ao batismo e a celebração é na noite de Páscoa.

c) Preparação imediata: refere-se à questão espiritual mais do que à instrução doutrinal da catequese. Coração e mente são os pontos fortes a serem trabalhados e iluminados pelo exame de consciência e penitência, que leva em conta a vivência mais intensiva de Cristo, o Salvador.

d) Aspecto Espiritual: autêntica iniciação espiritual à oração. As homilias sobre a oração eram comentários ao Pai-nosso[36]. Há certa união entre a questão moral, espiritual, litúrgica e sacramental. Toda a comunidade cristã participava ativamente de eventos orantes, penitências, jejuns e exemplos de vida cristã.

e) Liturgia sacramental: acontecia propriamente durante a vigília pascal. A noite proporcionava o cenário adequado para a iniciação: no meio da escuridão, brilhava o fogo novo e o círio pascal como símbolo da luz do Ressuscitado, que iria iluminar os catecúmenos. As leituras bíblicas da vigília percorriam os gran-

35 Cf. HIPÓLITO DE ROMA. *Tradição Apostólica*, p. 46-55.

36 Santo Ambrósio faz comentários catequéticos acerca do Pai-nosso. Vale a pena meditar e refletir para relembrar a beleza salvífica de Deus presente no texto do Pai-nosso, ensinado por Jesus aos seus discípulos (SANTO AMBRÓSIO. Op. cit., p. 61-65).

des momentos da história da salvação e eram como um resumo da catequese bíblica recebida no catecumenato, concentrando-se, sobretudo, nos ciclos do Gênesis e do Êxodo. Chegado o momento oportuno, os catecúmenos se dirigiam ao batistério, geralmente fora da basílica. As pinturas aludiam a temas batismais, e à própria estrutura, geralmente octogonal, do batistério fazia referência à plenitude da ressurreição. Ali ocorria uma série de cerimônias de grande conteúdo simbólico: a desvestição como símbolo de despojamento do homem velho e voltar à inocência paradisíaca; a unção pré-batismal com o óleo dos catecúmenos tinha sentido exorcístico; a bênção da água batismal através da invocação ao Espírito Santo (*Epíclesis*); rito do batismo propriamente dito, que consistia na tríplice emersão na piscina, precedido pela confissão de fé nos três artigos fundamentais do credo e o rito da confirmação, imposição do sinal da cruz na testa, unção com óleo santo perfumado e a imposição da mão. Uma vez concluídas as cerimônias no batistério, os neófitos se dirigiam em procissão para a basílica enquanto cantavam o Sl 23: "O Senhor é o meu pastor e [...] conduz-me até às fontes tranquilas [...] Tu me unges com óleo a cabeça e minha taça transborda". Junto com toda a assembleia, participavam pela primeira vez da Eucaristia, e em alguns lugares, depois da Comunhão, recebiam leite e mel, símbolos da terra prometida, na qual haviam entrado pela iniciação cristã.

f) Mistagogia[37]: tempo de reflexão sobre a vida cristã à luz dos sacramentos, em que os neófitos vão saboreando os mistérios celebrados, e se prolonga por todo o tempo pascal. É verdadeiramente rico em

37 "De Ambrósio aprendemos que o objetivo da mistagogia não é somente ensinar teologia sacramental, mas também comunicar percepções espirituais aos neófitos. A mistagogia fazia parte do programa de formação espiritual da Igreja antiga. Da mesma forma como a teologia sacramental se baseava sobre a celebração dos ritos litúrgicos, assim também a espiritualidade estava arraigada na experiência sacramental dos neófitos" (CHUPUNGCO, A.J. *Inculturação litúrgica*: sacramentais, religiosidade e catequese. São Paulo: Paulinas, 2008, p. 87).

experiência pessoal, sacramental, comunitária e de pertença a Cristo. Os que receberam os três sacramentos da iniciação cristã: Batismo, Confirmação e Eucaristia, eram convidados a agir com todos os direitos e deveres de cristãos. Isso porque o entendimento é de que todos os sacramentos devem frutificar na comunidade de fé; nela se deve concretizar o verdadeiro espírito de conduta cristã renovando-se a cada dia a busca de ser seguidor de Cristo em qualquer ambiente onde se esteja. Desta forma, eram introduzidos no sentido mais profundo dos sacramentos recebidos. Com isto o candidato era agregado à Igreja e terminava sua iniciação[38]. A vida nova dos adultos era constantemente provada para que pudesse dar verdadeiros frutos de libertação e pertença ao Cristo Salvador. A comunidade contava com a ajuda desses novos irmãos e irmãs. Contribuíram a este processo as catequeses mistagógicas de Cirilo de Jerusalém, Ambrósio, Teodoro, João Crisóstomo. São verdadeiras pérolas da catequese e teologia sacramental.

1.2 Enfraquecimento da conscientização do recebimento dos sacramentos da iniciação cristã

Ao se abordar os pontos positivos e o que se pode melhorar sobre a conscientização da iniciação cristã, não podemos esquecer os Santos Padres que, com zelo, se empenharam pela preservação da identidade cristã. Segundo os historiadores modernos o catecumenato teve boa conotação para a Igreja nascente porque inspirou uma nova forma de vida evangélica que causava encanto e admiração diante das pessoas. Assim, no início do catecumenato observa-se a alegria do vigor evangelizador, e por isso seu enfraquecimento[39] é compreen-

38 Cf. CODINA, V. & IRARRAZAVAL, D., Op. cit., p. 59-65.

39 "Os historiadores modernos do catecumenato situam sua época florescente nos três primeiros séculos. Nasce no século II, desenvolve-se no século III e primeira metade do século IV, transforma-se na segunda metade do século IV, mantém uma certa vitalidade no século V e entra em decadência, até desaparecer, nos séculos VI e VII" (FLORISTÁN, C. Op. cit., p. 75).

dido como uma perda significativa na Igreja, uma vez que o acompanhamento formativo mostrava-se salutar e necessário para a qualidade de formação dos que estavam entrando na Igreja de Cristo.

Com o advento do século IV, a formação aprimorada vai arrefecendo-se e a Igreja dos primeiros séculos perde consideravelmente com a situação do cristianismo em massa. Esse fenômeno de muitos "cristãos" sem pertença existencial criou um estilo superficial de fé, ou seja, a recepção do batismo era em função de outras motivações: questão matrimonial, ser aceito socialmente e bem-visto pelo empregador, entre outras. É bem verdade que o enfraquecimento no rigor na admissão de novas pessoas para o catecumenato era uma constante. Portanto, o acento maior era batizar minimizando o processo de acompanhar os convertidos em sua nova forma de ser e viver[40].

A organização que havia sido realizada nos séculos II e III se encontra desestruturada enquanto crescimento de fé, formação sólida, recepção dos sacramentos de iniciação e itinerário mistagógico, mas efetivamente é no século V que fica consolidado o enfraquecimento da preparação catecumenal.

> Teoricamente se afirma mais a unidade do que a separação sacramental em sacramentários e testemunhos diversos; porém praticamente se vive mais a separação do que a unidade, dadas as condições e possibilidades reais da celebração do sacramento[41].

A partir desse período deparamo-nos com a recepção dos sacramentos separadamente e com questionamentos relacionados ao ministro dos sacramentos. Isto porque há distinção entre a forma de realizá-los entre o Ocidente, onde pelo menos desde o século IX a confirmação é reservada ao bispo,

40 Cf. ibid., p. 84.

41 Texto no original: "Teoricamente se afirma más la unidad que la separación sacramental en Sacramentarios y testimonios diversos; pero prácticamente se vive más la separación que la unidad, dadas las condiciones y posibilidades reales de celebración del sacramento" (BOROBIO, D. *Catecumenado e iniciación cristiana*. Barcelona: [s.l.], 2007, p. 21).

e no Oriente os três sacramentos da iniciação cristã (Batismo, Confirmação, Eucaristia) são ministrados pelos presbíteros.

Essa realidade dificulta a celebração e unidade dos sacramentos de iniciação em virtude da não presença do bispo em todas as celebrações ao mesmo tempo. Manter a unidade celebrativa dos sacramentos do Batismo, Confirmação e Eucaristia é fundamental, visto que fortalece a realidade sacramental da iniciação cristã, ao passo que a separação dá a entender como se a graça de Deus viesse em "gotinhas" para nós, e sabemos que isso não é verdade. Deus enviou o seu Filho unigênito ao mundo para resgatar todos em plenitude, para que cada um possa proclamá-lo senhor de sua vida e seguir seus ensinamentos presentes na Sagrada Escritura. Nesse processo a Igreja, sacramento de salvação, procura desde os primórdios fazer presente a verdade de Jesus Cristo e atualiza as inúmeras iniciativas salvíficas de Deus nos sacramentos.

O divisor de águas, no entanto, foi o Edito de Milão[42], em 313, que até hoje tem influência no meio eclesiástico: nas vestes, nas pompas, na valorização demasiada das funções eclesiásticas e nem tanto no sentido de diaconia a partir do *ser menor* que Jesus testemunhou e pediu aos seus discípulos na Ceia, ao ter lavado seus pés (cf. Jo 13,4-5).

A união da Igreja ao Estado, por sua vez, é um dos aspectos que contribuiu para enfraquecer a reserva profético-escatológica. Muitas ações do Estado eram

42 "Constantino enviou, de Milão, a todos os procônsules do império um edito dando liberdade a todas as religiões e direitos iguais entre elas. Por influência de sua mãe, Helena, e as amizades dela com líderes cristãos, em breve, o imperador passa a favorecer o cristianismo. A Igreja deixa, então, de ser perseguida e escondida e passa a gozar de cidadania e, mais que isso, é privilegiada. Constantino ajusta a legislação romana aos princípios cristãos, promove os bispos a juízes e príncipes, constrói esplêndidas basílicas. Constantino é reconhecido e elogiado pelos cristãos. Isso o leva a mais favores à Igreja, vinculando-a, porém, cada vez mais à sua autoridade, ao Estado, evidentemente com intromissões suas em questões religiosas. O imperador, que é ao mesmo tempo 'cristão' e a 'mais alta autoridade' para tudo, passa a intervir e interferir, a seu bel-prazer, em assuntos internos da Igreja. E a hierarquia, então, se desenvolve cada vez mais com a política do uso e do abuso do poder e do dinheiro. É o que se denomina 'cesaropapismo' (vinculação de César, imperador, com a autoridade da Igreja, o papa, líder máximo do cristianismo). Com esse favorecimento do cristianismo, muitos cidadãos pedem o batismo, ingressam no catecumenato, mais por interesse político do que realmente como resultado de conversão. E um considerável número adia o batismo indefinidamente, aceitando-o somente no momento da morte. O povo, em quantidade cada vez maior, pede o batismo. Não há como atender a tanta gente segundo o processo longo, exigente e complicado do catecumenato. Muitos são cristãos, mas de modo superficial, por costume, por obrigação, por interesse. Há padres da Igreja reagindo fortemente ao protelamento indefinido do batismo, ao esvaziamento do catecumenato, a esta decadência geral do cristianismo, mas em vão" (IRMÃO NERY. *Catequese com adultos e catecumenato:* história e proposta. Op. cit., p. 58-59).

"legitimadas" pela Igreja. Era o preço imposto pelo império, para que o cristianismo mais tarde, com o Imperador Teodósio, fosse religião oficial do Estado. Esses acontecimentos afetaram o catecumenato devido a quatro situações: primeiro – pelo aumento de "cristãos" que ampliou a quantidade de batismos comprometendo a formação catecumenal; segundo – porque o batismo em massa propiciou a multiplicação do sacramentalismo, objetivando o *status* de ser cristão; terceiro – desencadeou o desvirtuamento do compromisso comunitário; e o quarto – pela generalização do batismo de crianças, que atribuiu aos pais e padrinhos a responsabilidade na sua educação moral e de fé. No entanto, observa-se que não basta à criança nascer em "berço cristão", pois o seu crescimento na fé pressupõe acompanhamento. Porém, a caminhada de fé dos pais e padrinhos deixa enormes dúvidas quanto às convicções de fé e vivência dos sacramentos em suas vidas. Mediante estas e outras situações a iniciação cristã no início do século III e durante um determinado período do século IV praticamente desaparece. "Em uma palavra, trata-se de um processo de 'desestruturação' do antigo sistema iniciático e nascimento de uma nova concepção e práxis da iniciação"[43].

O rico processo catequético, que começou nos primeiros séculos do cristianismo, infelizmente não se manteve da mesma forma em muitos lugares, pois houve retrocesso, omissão e enfraquecimento do modelo catecumenal praticado nos séculos III e IV. Na Idade Média observa-se a perda do ardor da vivência dos sacramentos da iniciação cristã, embora a reflexão teológica e sistematizada sobre os sacramentos tenha sido o ponto forte dessa época, em que mentes brilhantes, no campo da teologia, construíram inquebrantáveis tratados. O Concílio de Trento (1545-1563) foi um dos grandes acontecimentos da Igreja medieval; nele foram definidas as grandes questões referentes à fé e disciplina da Igreja. Na sequência, a título de curiosidade histórica, apresentamos um quadro resumido do rico processo catequético de iniciação cristã na Igreja e as transformações ocorridas ao longo do tempo.

43 Texto no original: "En una palabra, se trata de un proceso de 'descomposición' del antiguo sistema iniciático, y de nacimiento de una nueva concepción y práxis de la iniciación" (BOROBIO, D. *Catecumenado e iniciación cristiana*. Barcelona: [s.l.], 2007, p. 21-22).

EVOLUÇÃO DA INICIAÇÃO CRISTÃ[44]

Séculos I-IV	Catecumenato de Adultos	Vigília pascal *Batismo, Confirmação, Eucaristia*
Séculos V-XII	Catequese com os pais das crianças	*Batismo, Confirmação* (na visita do bispo) *Comunhão* (sem esperar a páscoa)
Séculos XIII--XVII	Educação familiar das crianças	*Batismo* *Confirmação, Primeira Comunhão* (7 anos) (10-14 anos)
1640-1750	Catecismo escolar e paroquial	*Batismo, Primeira Confirmação* (7-10 anos) *Confirmação, Primeira Comunhão* (10-12 anos) (em torno dos 12 anos)
1750-1910	Catequese paroquial	*Batismo, Confirmação* (7 a 8 anos) *Primeira Comunhão* (10 a 14 anos)
Depois do Vaticano II	Catequese de crianças e de jovens	*Primeira Confissão* *Batismo* (dilatação) *Primeira Comunhão* (8-9 anos) *Confirmação* (em torno dos 16-18 anos)

A partir desse olhar podemos constatar como fato que o Espírito Santo está suscitando a revitalização desse processo formativo e vivencial para o bem da Igreja e de seus fiéis.

44 Cf. FLORISTÁN, C. Op. cit., p. 96.

1.3 Reforma litúrgica do Vaticano II e retomada do processo de iniciação cristã

O Concílio Vaticano II (1962-1965) foi fundamental para o revigoramento da vida eclesial na época moderna. Um dos fatores de relevância catequética foi o revigoramento do catecumenato, mediante a realidade pastoral que exigia da Igreja uma postura dinâmica quanto à dimensão sacramental e conscientização de fé na vida para os adultos que pedem os sacramentos da iniciação cristã. Nesta perspectiva, a formação, o acompanhamento, os sacramentos e a participação da comunidade de fé nesse processo são princípios norteadores para propiciar o crescimento na vida cristã, com os quais o Concílio se preocupou. Em relação à comunidade observa-se seu valor e importância na perseverança dos adultos iniciados, pois ela se torna "útero" de bonitas experiências cristãs.

A considerável preocupação do restabelecimento do modelo catecumenal deste concílio é fruto da caminhada missionária da Igreja, sobretudo na África. Lá existiam várias situações de adultos sem iniciação cristã, fato que motivou bispos desses países europeus e pertencentes a ordens religiosas[45] a solicitar a reestruturação do batismo de adultos segundo a pedagogia catecumenal.

Esses anseios catecumenais oriundos dos bispos na África refletia a inquietação da Igreja. A Constituição *Sacrosanctum Concilium* (4/12/1963) ressaltou o catecumenato reivindicando maturidade de fé dos adultos a partir do processo de acompanhamento e formação para o recebimento dos sacramentos da iniciação cristã em celebração perante a comunidade. Assim, o nexo existente entre os três sacramentos conferidos ao adulto coloca a unidade da vida cristã àqueles que adentram na Igreja.

Nesse processo o adulto na fé é enviado em missão, que não é mero deslocamento físico, mas implica em realizar o anúncio e conhecimento dos evan-

45 LELO, A.F. *A iniciação cristã*... Op. cit., p. 31.

gelizados. Dessa forma, consiste em manifestar a pertença existencial na vida nova socializada a tantos que ainda não experienciaram o Senhor. A sabedoria pastoral nos diz: não é de bom tom ministrar sacramentos sem conscientização participativa cristã. Não somos ilhas! Cristo chamou os apóstolos para viverem em comunidade. É propor catequese adulta, levando a bom termo: inquietações religiosas, cultura e outras variantes que tocam os adultos que pedem itinerário consistente a repercutir na vida. Assim, vai surgindo a reflexão sobre a necessidade de realizar a revisão do Ritual da Iniciação Cristã de Adultos, visando à restauração do catecumenato e sua aplicação na Igreja. Na Constituição *Sacrosanctum Concilium*, n. 64-65, destaca-se:

> Restaure-se o catecumenato dos adultos dividido em diversas etapas, introduzindo-se o uso de acordo com o parecer do Ordinário do lugar. Desta maneira, o tempo do catecumenato, estabelecido para a conversão e instrução, poderá ser santificado com os sagrados ritos a serem celebrados em tempos sucessivos.

Destacamos que nos números 37-40, da referida *Constituição*, propõe-se cuidado aos elementos culturais dos povos e culturas em nossa liturgia, segundo a prudência e zelo litúrgico. Essa situação é vista frequentemente em tempos de missão e a Igreja quer acolher e valorizar os dons dos povos. Para tanto, a liturgia se torna espaço de festa cristã; naturalmente, com anuência do senhor bispo e motivada pelo bom-senso, pode ser valorizada na liturgia[46]. Ao refletir a necessidade de retomar o catecumenato a Igreja expressa uma sábia sensibilidade ao buscar oferecer aos adultos a formação adequada a sua faixa etária e propor-lhes, aos moldes do período frutífero do catecumenato (séc. III e IV) uma experiência de iniciados no cristianismo de convicção no qual são recebidos como filhos amados.

46 Cf. observações mais detalhadas sobre a necessidade do catecumenato e suas etapas: *Compêndio do Vaticano II* – Constituição *Sacrosanctum Concilium*, n. 64, 65, 66 e 71.

> A iniciação é feita não somente pelo batismo, como também pelo catecumenato, durante o qual o ser humano adulto é preparado para levar o estilo de vida cristã durante toda a vida. [...] A iniciação parece algo mais amplo do que só a recepção do batismo também depois da confirmação. Tal amplitude da noção de "iniciação cristã" deve ser da máxima importância. Sobretudo em nossos tempos, quando até os seres humanos batizados não estão suficientemente iniciados em toda a verdade da vida cristã[47].

São João Paulo II, até então bispo auxiliar de Cracóvia, durante o Concílio Vaticano II fez oportuna ponderação sobre a recepção dos sacramentos da iniciação cristã enquanto compromisso que vai além da celebração. Ao falar de iniciação, discorreu o sentido transformador do termo. Comporta na vida do adulto plena assimilação de sua fé. Daí a necessidade dos tempos e etapas no catecumenato que não são estanques.

A reflexão de Karol Wojtyla não deixa dúvidas. Não é interessante o adulto receber os sacramentos sem preparação adequada. O nível de consciência de quem vai receber os sacramentos sem nem ter passado pelo tempo de catequese vivencial na comunidade pode correr o risco de ser cristão de estatística. A exigência do tempo presente requer maturidade de fé dos membros do catecumenato. "Cabe certa distinção, uma vez que a iniciação põe o acento no sacramental e o catecumenato está relacionado com a catequese"[48]. Mesmo assim, um aspecto deve andar em função do outro: "[...] Por isso mesmo se fala de catecumenato, fala-se de iniciação e vice-versa"[49]. A Igreja é chamada a tornar possível a harmonia sem prejuízo de um em detrimento do outro. Contudo, os sacramentos da iniciação e vivência de fé formam a dupla que interage a partir da experiência catecumenal vivida pela Igreja dos primeiros séculos.

47 *Acta synodalia Sacrosancti Concilii Oecumenici Vaticani II*. Vaticano: Typis Polyglottis Vaticanis, 1970-1971, vol. 1, *periodus prima*, par 2, 315, n. 13. Apud LELO, A.F. *A iniciação cristã*... Op. cit., p. 32.

48 FLORISTÁN, C. Op. cit., p. 30.

49 Ibid., p. 29.

A fé vai sendo aprofundada pelo adulto auxiliado pela Igreja, que ao mesmo tempo diz mais ou menos como acontecerá essa caminhada[50]. *Presbyterorum Ordinis* dá ênfase ao catecumenato, fazendo realce ao caminho dos sacramentos na vida da pessoa que os recebe[51]. O avanço missionário da Igreja fez com que se despertasse a urgente necessidade do retorno ao catecumenato antigo com algumas adaptações próprias para os nossos dias. A liturgia tem relevância marcante por ser o espaço no qual os adultos recebem os sacramentos da iniciação cristã. "Portanto, o catecumenato é iniciação à 'vida da liturgia'"[52]. Todos em festa, mas cônscios da responsabilidade.

1.4 O Ritual[53] da Iniciação Cristã de Adultos

O referido Ritual é fruto de reflexões conciliares. Não é livro de catequese a ser aplicado tal como se apresenta. É um instrumento ritual e litúrgico que ajuda os adultos a terem intimidade celebrativa quanto aos ritos que envolvem todo o itinerário da iniciação cristã: celebração da entrada no catecumenato e suas ações litúrgicas, o catecumenato e seus ritos, purificação e iluminação, celebração dos três primeiros sacramentos da iniciação cristã e a mistagogia. Esse recurso litúrgico em formato de livro envolve uma sequência de rituais abertos para adaptações, segundo a realidade eclesial, no intuito de ser executada a iniciação cristã de adultos frutuosamente e não como mera lembrança afetiva, mas como parte do processo de crescimento na fé.

50 Cf. *Compêndio do Vaticano II*. Decreto *Ad Gentes*, n. 14.

51 Cf. *Decreto Presbyterorum Ordinis*, n. 5.

52 FLORISTÁN, C. Op. cit., p. 153.

53 O referido Rica chegou a nossas mãos em 14 de abril de 1974, por ocasião da Páscoa do Senhor. Quem fez o pedido da aprovação da tradução foi o então presidente da Conferência Nacional dos Bispos do Brasil, Dom Aloísio Lorscheider. Em nossos dias ainda percebemos certo desconhecimento em sua aplicação metodológica.

Em linguagem de espiritualidade litúrgica, os ritos e as etapas são bem detalhados, de modo a convergir para o que se chama de inteireza litúrgica na vida dos adultos que são preparados para receber os sacramentos de iniciação cristã. A inteireza acontece ao se internalizar em espírito celebrativo a mente, o coração e o corpo, focando-se na pessoa de Jesus Cristo, a ser assumido pelos sacramentos que receberão, como também mediante a formação e o acompanhamento a eles proporcionados. Esse processo exige uma caminhada orante dos envolvidos.

Os ritos do processo iniciativo, tendo por referência o Rica, contribuem para que a comunidade reconheça por meio das celebrações o quanto os adultos podem sentir de sua caminhada profética pelas intuições surgidas a partir dos ritos propostos, como também pelo sentido de pertença a Jesus Cristo e à própria Igreja que os acolhe.

A catequese e o processo de vida evangélica, portanto, formam o conjunto do itinerário catecumenal. A celebração sacramental é como o coroamento de todo um trabalho realizado para a vida de fé do adulto e também da Igreja. Dentre os muitos pontos positivos do Rica, podemos ressaltar:

> A celebração dos ritos, e sobretudo dos sacramentos da iniciação, insere-se em todo o processo como culminação das diversas etapas e do itinerário da iniciação em sua totalidade. Dá-se relevo à Palavra de Deus para evitar o ritualismo[54].

A Palavra de Deus ao ser ouvida gera fé no ouvinte. O Rica faz, da celebração dos sacramentos, encontro, escuta, festa e compromisso para assumir os mesmos sentimentos de Cristo, servo incansável de Deus. Faz sentir o significado da formação e acompanhamento do caminho de práxis libertadora com inserção na comunidade eclesial. Isso pressupõe o acompanhamento efetivo em grupo dentro da comunidade.

54 FLORISTÁN, C. Op. cit., p. 169-170.

> Neste Ritual se dá uma grande importância à comunidade. É ela que acolhe, acompanha, avalia, admite, anuncia e celebra a salvação oferecida por Deus em Cristo a cada um dos candidatos. Também é colocado em relevo seu caráter ministerial, ao admitir uma série de serviços de iniciação que revelam a pluralidade compartilhada da responsabilidade pastoral da iniciação[55].

Não se pode pensar nos sacramentos da iniciação sem falar do período catecumenal estritamente ligado pela mediação da diaconia por parte da comunidade ao acolher os candidatos interessados em iniciar uma nova vida em Cristo e na Igreja.

55 Ibid., p. 170.

Capítulo 2

2 Iniciação cristã de adultos e suas variantes teológicas e litúrgicas

A caminhada de iniciação cristã, a partir de seus tempos e etapas, possibilita amadurecimento na fé, em que os adultos podem testemunhar Cristo e seu projeto de amor em todos os lugares. O importante não é só percorrer os tempos e etapas como se fossem fins em si mesmos. É preciso vivenciar o que é próprio de cada tempo e etapa. Os neófitos são convidados a interagirem segundo o progresso pessoal e seriedade com que se lançam em fazerem parte da comunidade eclesial. Ser nova criatura e, sobretudo, transformar a realidade, tendo como fundamentos as moções do Espírito Santo e a graça de Deus, vão aprimorando a nova realidade assumida na fé.

A ação de Deus, compreendida como teologia salvífica, é contemplada também na liturgia. A comunidade reunida em torno do altar do Senhor ressalta o clima de festa em que os adultos são introduzidos no amor libertador de Deus, presente em cada sacramento da iniciação cristã. A responsabilidade das catequeses, a espiritualidade, as celebrações da passagem de uma etapa para outra e os ritos são, por assim dizer, uma das grandes riquezas resgatadas pela Igreja pós-conciliar. A unidade dos três sacramentos recebidos na mesma celebração dá maior sentido de integração entre eles para a vida de fé dos adultos. A trajetória da iniciação requer sólida evangelização, processo catecumenal bem realizado, catequese enraizada no contexto dos adultos. A família tem importância nesse transcurso, renovação radical de vida e autêntica caminhada de comunidade, em que os adultos aprendem e testemunham Cristo. Todos esses elementos vão sendo realizados paulatinamente. São acompanhados, instruídos e engajados na comunidade, tornando-se multiplicadores da beleza de serem convertidos ao Senhor. Devem ser instrumentos de paz, união e de sólida pertença ao Ressuscitado.

2.1 Maturação da fé a partir das etapas

São Tertuliano dizia: "Não se nasce cristão, faz-se cristão". Seria pretensão querer cristãos maduros na fé sem o mínimo de acompanhamento. Isso naturalmente exige estruturação eclesial. O catecumenato vem ser sugestão de suscitar identificação com a comunidade em meio a tantas propostas efêmeras que o mundo oferece. De maneira concreta o Rica traça esse caminho pedagógico, possibilitando o mergulho em degraus acerca das verdades de nossa fé. Muitos são os que se dizem cristãos e conhecedores de Jesus Cristo, porém nem sempre aprofundam a fé[56] que gera envolvimento, entendida aqui como conscientização cristã no compromisso transformador inserido na sociedade, tão necessitada de referenciais transformadores das estruturas alienantes que nos afastam de Deus (reconhecimento de um Ser Absoluto) e dos irmãos (práticas de solidariedade).

Podemos dizer que a fé nos impulsiona para praticar o bem, ou seja, no contexto catecumenal é na fé que nossos adultos aderirão ao sentido cristão em suas vidas. Tem sentido com apropriação existencial do ser *kairológico*[57].

56 "Pela *evangelização, catequese* e *liturgia,* essa Palavra de Deus continua a chegar às pessoas. Essa comunicação da fé, hoje, segue o mesmo processo pelo qual Deus, no passado, se revelou. Por isso, para compreender bem as tarefas e o conteúdo da catequese, é necessário aprofundar as relações existentes entre Revelação e catequese" (CNBB. *Diretório Nacional de Catequese*, n. 18).

57 "[...] momentos kairológicos são: a encarnação, a ressurreição, a instituição da Eucaristia, o lava-pés, a decisão dos apóstolos de irem à missão entre os gentios etc." (BOFF, L. *A fé na periferia do mundo*. Petrópolis: Vozes, 1978, p. 8, nota de rodapé n. 1).

Não é condicionado pelo tempo cronológico ou matemático. É graça derramada diariamente. Não estamos isentos da salvação oriunda do coração de Deus que não se cansa de renovar seu projeto salvador. O mundo é lugar de colaboração com Deus. É na história que o *kairós* mostra a que veio: trabalha o passado, o presente e o futuro não enquanto situações estanques. É o Senhor presente e revelado em cada pessoa humana que faz acontecer o que pede de nós, ou seja, sua palavra não volta vazia (cf. Is 11,55). Na vertente catequética é formar adultos conscientes e participantes em suas comunidades.

Não podemos perder de vista a qualidade de sermos instrumentos de Deus para efetivação de um mundo melhor, marcado pela bondade e salvação em função de todos. Deus vem constantemente ao encontro do homem. Ele chegou ao ponto de doar o seu próprio Filho para que todos tenham vida em plenitude: "Em Jesus convergem os dois aspectos fundamentais das 'maravilhas da salvação': a iniciativa absoluta de Deus e a cooperação do homem"[58]. O Rica é uma mediação valiosa em vista de transformar a pessoa, porém a estreita ligação dos tempos e etapas da iniciação cristã com a realidade transformadora, por parte do cristão, compõe o grande desafio de concretizar os valores dos tempos e etapas, bem como realização da fé em Deus, tendo como pano de fundo o compromisso comunitário. A sensibilidade do Ritual da Iniciação Cristã de Adultos no tocante ao engajamento comunitário faz com que o adulto seja importante para a vida da comunidade, ou seja, não se encontra sozinho no percurso rumo ao aprofundamento e amadurecimento da fé. O Rica desenvolve, de maneira pedagógica, os passos a serem percorridos pelo adulto, para melhor fazer sua iniciação cristã. Além do tempo de informação e amadurecimento, há "etapas" ou "passos" pelos quais os catecúmenos atravessam uma porta ou sobem degraus. São elas:

- **Primeira etapa** – Chegando o tempo da conversão inicial, a pessoa quer tornar-se cristã e é recebida como catecúmeno pela Igreja.
- **Segunda etapa** – Introduzida na fé e estando a terminar o catecumenato, é admitida a uma preparação mais intensa para os sacramentos.

58 ROCCHETTA, C. *Os sacramentos da fé*, p. 68.

- **Terceira etapa** – Depois de feita a preparação espiritual, recebe os sacramentos de iniciação cristã. Essas etapas são marcadas por três ritos litúrgicos: **Rito de instituição do catecúmeno, Eleição, Celebração dos sacramentos**. As etapas conduzem aos "tempos" de informação e amadurecimento. São quatro os tempos: Pré-catecumenato (primeira evangelização); Catecumenato (destinado à catequese completa); Purificação e iluminação (a mais intensa preparação espiritual) e Mistagogia (experiência dos sacramentos e da comunidade)[59].

A iniciação cristã é a participação sacramental do mistério pascal na vida do adulto para que seja renovado em Cristo. Os tempos litúrgicos quaresmal e pascal são especialmente apropriados para essa vivência de transformação interior e exterior.

> Tenha a Quaresma absoluta primazia para a mais intensa preparação dos eleitos e seja a vigília pascal considerada como o tempo próprio para a iniciação nos sacramentos[60].

As celebrações ocorridas nos tempos litúrgicos adequados, ou seja, orientados pelo Rica, dão maior sentido de unidade sacramental. A sintonia celebrativa corresponde à maior concentração e sentido de ambiente sacramental propício para interiorização da Palavra de Deus, proclamada no devido tempo litúrgico que se sugere nessas celebrações: "a dupla dimensão da liturgia cristã, como resposta de fé e de amor às 'bênçãos espirituais' com as quais o Pai nos presenteia"[61], mostra a visibilidade da pessoa que agradece, recebe e se avalia renovando confiantemente a ação transformadora do amor de Deus. Jesus vem fazer morada definitiva no coração do homem, que deve frutificar na

59 Cf. Rica, n. 6-7.

60 Ibid., n. 8.

61 *Catecismo da Igreja Católica*, n. 1083.

comunidade os feitos concretos da fé encarnada na realidade e ajudada pelo desempenho qualitativo dos tempos e das etapas da iniciação cristã.

2.2 Tempo do catecumenato[62]

O Rica adapta-se às várias realidades que estão surgindo com frequência na Igreja, para possibilitar melhor caminhada formativa e sacramental. O adulto, ao pedir à Igreja os sacramentos da iniciação, deve ter em si os elementos mais ou menos consistentes de conversão e tomada de posição em aceitar o projeto de Cristo na vida de fé. Esse Ritual nos recorda que a Igreja deve abrir-se[63] a partir das necessidades de nossos adultos. Sua abertura ao mundo visivelmente laico pede atitudes consequentes, sobretudo quando falamos de catequese para adultos.

Essa abertura da Igreja faz com que sejam avaliados os conteúdos e metodologias a serem assinalados e, sobretudo, vivenciados pelo adulto que é submetido às etapas de maturação cristã e comunitária. É salutar ficar claro a diferença de etapa para tempo na dinâmica catecumenal. As etapas são celebrações em forma de ritos de passagem: celebração da entrada no catecumenato, eleição ou inscrição do nome, recepção dos sacramentos de iniciação cristã na vigília pascal. O que entendemos por tempos são distribuídos em quatro momentos diferentes e complementares: pré-catecumenato, catecumenato, purificação ou iluminação, e a mistagogia. Nas celebrações dos ritos existe a chegada de uma situação para outra, que envolve todo um conjunto que chamamos de iniciação à vida cristã. Esse itinerário é feito através da liturgia que converge para o processo catecumenal. Alguns autores colocam como se fossem similares os tempos e as etapas, porém nós utilizamos o Rica,

62 Rica, n. 14-20.

63 "Acompanhar a humanidade em todos os seus processos, por mais duros e demorados que sejam. Conhecer as longas esperas e a suportação apostólica. A evangelização patenteia muita paciência e evita deter-se a considerar as limitações. Fiel ao dom do Senhor sabe também 'frutificar'. A comunidade evangelizadora mantém-se atenta aos frutos, porque o Senhor a quer fecunda" (PAPA FRANCISCO. Exortação apostólica *Evangelii Gaudium*, n. 24).

que não deixa dúvida sobre a distinção e complementação. Uma das dificuldades em sistematizar essas duas realidades é que são intimamente interligadas e uma não tem razão de existir (os tempos) sem a outra (as etapas)[64].

O processo de iniciação cristã começa com o tempo do **Pré-catecumenato**[65], que tem "grande importância e habitualmente não deve ser omitido"[66]. Sua relevância reside no fato de a Igreja local estabelecer os primeiros contatos de confiança ao candidato, que se chama "simpatizante". As primeiras descobertas sobre a pessoa de Jesus ainda carecem de posteriores aprofundamentos, que ocorrerão no momento oportuno.

É um tempo forte de acolhida daqueles que pedem para ser iniciados na experiência cristã. Cabe valorizar a história pessoal de cada um com suas aspirações e dificuldades, bem como despertar as motivações para o processo de iniciação cristã. Sempre prevalecer a sinceridade e a liberdade[67], para que o "simpatizante" crie laços na comunidade, com posterior aprofundamento de sua intenção inicial. Esse período termina com o ingresso no catecumenato.

> Da evangelização realizada com o auxílio de Deus brotam a fé e a conversão inicial, pelas quais a pessoa se sente chamada do pecado para o mistério do amor de Deus[68].

São destinatários do pré-catecumenato: os não cristãos interessados na vida de fé, batizados ou não; os adultos que pedem os sacramentos da iniciação sem estar convertidos e os praticantes ocasionais, que vivem um cristia-

64 Cf. LELO, A.F. *A iniciação cristã...* Op. cit., p. 37-38. • IRMÃO NERY. Op. cit., p. 130. • Rica, n. 6 c; 7 d.

65 Rica, n. 9-13.

66 Ibid., n. 9.

67 Cf. ibid., n. 9-13.

68 Ibid., n. 10.

nismo convencional e buscam um cristianismo convicto[69]. A Igreja se depara com essas situações e não deve fugir desse contexto desafiador.

Com o tempo do **Catecumenato** começa o rito da iniciação cristã propriamente, ou seja, formalmente a Igreja se responsabiliza pela caminhada de orientação, acompanhamento e tenta incutir na vida do catecúmeno os valores do Ressuscitado a serem personificados pelo adulto que pede os sacramentos da iniciação cristã. A iniciativa primeira foi de Deus, ao tocar no coração de quem pede os sacramentos. É preciso, porém, haver o sim concreto da pessoa, a se abrir ao mistério da graça de Deus para conversão sólida, segundo os ditames do Evangelho e amparado pela comunidade eclesial. O término do catecumenato acontece com o rito de eleição, no começo da Quaresma.

O percurso catecumenal é bem prolongado e devidamente condizente com o clima de maturação da fé, vida em comum dos pressupostos cristãos, participação na liturgia, exceto da Eucaristia. Isso vai aos poucos dando sentido a sua vida de catecúmeno preparado pela Igreja. O Rica é flexível. A Conferência Episcopal ou o bispo diocesano pode determinar a duração deste momento formativo[70]; aqui abre o precedente não só o que toca ao aspecto cultural da comunidade, como também segundo a caminhada pessoal de aplicação vivencial da **doutrina** (não é decorar, mas sim viver as verdades de nossa fé); **moral** (adequação da vida pessoal aos preceitos e orientações do Evangelho. Não somos a Igreja do legalismo, mas devemos praticar a misericórdia do samaritano); **liturgia** (presença atenta na celebração a tudo que envolve a vida do catecúmeno. É na liturgia, lugar do encontro e celebração, que Deus sensivelmente age nos ritos da Igreja e disposição interior do catecúmeno). Os resultados almejados pela Igreja no percurso catecumenal são:

1) A catequese, segundo o contexto do adulto, deve possibilitar assimilação transformadora na comunidade de fé. O aspecto do ano litúrgico

69 Cf. FLORISTÁN, C. Op. cit., p. 172.

70 Cf. Rica, n. 20.

e as celebrações da Palavra incluem o adulto diretamente nessa dinâmica relacional do apelo de Deus para a vida nova assumida na etapa catecumenal.

2) os introdutores ou acompanhantes, a família e a comunidade de fé são o suporte animador para deixar fluir o testemunho de fé na caridade. Esse itinerário comporta evolução para novas atitudes, fundadas na Palavra de Deus e estimuladas pela bonita acolhida da comunidade ao ver seus adultos progredirem nos caminhos do Senhor.

3) os ritos litúrgicos ajudam a caminhada do catecúmeno, quando ele dá sentido ao conjunto dos ritos. O adulto é gentilmente despedido da celebração eucarística, para que depois de percorridas as etapas possa receber a Eucaristia e participar com integridade de toda celebração eucarística.

4) o catecúmeno já vai desenvolvendo a consciência de cooperação para a evangelização e práticas cristãs. Ele será multiplicador da multiforme graça de Deus[71].

O percurso catecumenal se desenvolve processualmente a fim de conduzir os catecúmenos ao encontro verdadeiro com Cristo, no engajamento relacional na comunidade eclesial. A experiência teológica da progressiva manifestação de Deus, ao encontrar terreno fértil, desabrocha a fé naturalmente. Não insiste demasiadamente nas questões dogmáticas e morais, é mais abrangente.

> O catecumenato não tem caráter simplesmente propedêutico, nem comporta uma simples transmissão da fé, como se fora um período de instrução ou de preparação aos sacramentos. Trata-se, melhor, de uma experiência de vida cristã no interior de uma comunidade, um aprendizado de vida cristã, de maturidade da fé compreendida e vivida[72].

71 Cf. ibid., n. 19.

72 LELO, A.F. *A iniciação cristã...* Op. cit., p. 50.

A estreita ligação entre fé e vida é cenário de todas as etapas, principalmente a do catecumenato, por ser, em partes, o tempo mais longo. Isso porque, dependendo da especificidade da região, caminhada e índole do catecúmeno, é abreviado o catecumenato.

O Rica nos ensina a maneira de como deve se organizar o catecumenato, porém há razões pastorais em que não dá para seguir na íntegra a riqueza dos ritos catecumenais dentro da celebração com a comunidade. Não é motivo de desânimo, muito pelo contrário, pois mesmo sem muita estrutura, se forem devidamente explicitados os quesitos teológicos e a dimensão litúrgica com vigor, já são passos significativos.

> Só então o catecumenato pode realizar-se como um tempo de noviciado, uma instrução pedagógica, um processo de iniciação, crescimento e aprendizagem, pela qual a pessoa em sua totalidade, em seu corpo, em seu espírito, em sua razão, em seu coração, em seu pensar, querer e praticar se transforma, orientando sua vida de forma radicalmente nova em direção ao Deus de Jesus Cristo e à comunidade eclesial, desde uma experiência de Deus e da comunidade, que suponha conversão, fé e compromisso definitivos[73].

A prática pastoral nos mostra que muitos são batizados, porém não são suficientemente catequizados, e a conversão simplesmente é questionável. O interessante é que podemos perceber a busca desses adultos em retornar a caminhada de Igreja que, aliás, nem começaram praticamente. A vida evangélica questiona nossos referenciais religiosos. Como quem sobe degraus, a maturação de fé vai inundando a vida dos catecúmenos. Farão escolhas e atitudes profundas no caminho de conversão a Cristo, engajando-se na comu-

73 Texto no original: "Sólo entonces el catecumenado puede realizarse en verdad como un tiempo de noviciado, una institución pedagógica, un proceso de iniciación, crecimiento y aprendizaje, por el que la persona total, en su cuerpo y en su espíritu, en su razón y en su corazón, en su pensar, querer y actuar, se transforma, orientando su vida de forma radicalmente nueva hacia el Dios de Jesuscristo e hacia la comunidad de la Iglesia, desde una experiencia de ese Dios y esa comunidad, que suponen la conversión, la fe y el compromiso definitivos" (BOROBIO, D. *La iniciación cristiana*... Op. cit., p. 533).

nidade. A necessidade pastoral traça o modo de ação dos catecúmenos, sendo catequizados e observando como a Igreja se engaja nas causas sociais, para que eles também sejam sinais de contradição na sociedade mediante tantos contravalores que vão de encontro ao projeto de Deus.

A escolha livre do adulto corresponde ao chamado primeiro de Deus, que aguarda a resposta pessoal. Quando o adulto chegar a receber os sacramentos da iniciação cristã, vai aperfeiçoando sua fé e conversão. A etapa do catecumenato com seus ritos possibilita a vivência dos valores da fé, conversão, graça de Deus, comunhão e participação que contemplam:

1) **Adesão e vivência a Cristo:** a pedagogia da aprendizagem e crescimento, tendo como pressupostos a escuta da Palavra de Deus, catequese e diálogo.

2) **Mudança de vida:** o catecúmeno inicialmente é um convertido, processualmente vai ganhando proporções no sentido de vida renovada.

3) **Experiência da salvação de Deus:** o transcurso da fé e conversão assume consistência quando é movido pela experiência de Deus. Não se trata de algo puramente intelectual. Diante do mistério de Deus, as categorias racionais ficam estupefatas.

4) **Pertença à comunidade:** o encontro dos catecúmenos com a comunidade e a comunidade com os catecúmenos resulta em unidade. A vida de fé dos catecúmenos está intimamente ligada à vida de comunidade.

5) **Edificação da Igreja:** o testemunho é ferramenta motivadora. Não são palavras ou discursos vazios, é solidariedade e humildade. Valem mais do que palavras comovedoras. O Evangelho é ponto de partida para ser processo de renovação do homem que confronta sua vida antiga (pecado), revestida de novo vigor (transformação pela graça) maturada pela pedagogia soteriológica.

2.2.1 A importância da celebração da entrada no catecumenato

O Vaticano II e o Rica reorientam-nos para a importância dos ritos[74], para que "sejam admitidos ao catecumenato, através de cerimônias litúrgicas [...] pelos ritos sagrados que se celebram em tempos sucessivos"[75]. Essas práticas eram feitas pela Igreja primitiva e satisfatoriamente reafirmadas pelo Rica. Segundo esse Ritual, nos números 68-87, os candidatos se apresentam pela primeira vez e manifestam à Igreja seu desejo de preparação catecumenal. Na Igreja, mediante o ministro e outras pessoas da comunidade presentes (os candidatos, os introdutores, o ministro ordenado, catequistas, familiares, amigos etc.), acontece a proclamação da admissão dos candidatos. A partir daqui já fazem parte da família de Cristo como catecúmenos.

O valor da acolhida dos catecúmenos pela comunidade diz respeito à ajuda da comunidade para efetivação do seu itinerário cristão. Busca inseri-los no seio da assembleia viva, por meio da liturgia, na tentativa de enraizar seus próprios compromissos no ambiente eclesial. Eis aí, resumidamente, a base do catecumenato. A comunidade reúne-se fora da Igreja, há um momento de exortação do Padre sobre a experiência cristã que eles vão assumir.

> O diálogo inicial mostra que o candidato pede à Igreja o dom da fé, virtude que deverá ser acompanhada sempre pela conversão, manifestada na mudança de mentalidade e adoção dos costumes e valores evangélicos. Não se trata de uma entrada individual na fé por um contato firmado com Deus; o encontro com o Senhor realiza-se por meio de sua Igreja, e esta se faz educadora daqueles que, chamados a uma primeira fé, vêm receber o dom total do Senhor. Está representada pelo celebrante, pelos padrinhos e os fiéis[76].

74 "Rito introdutório (exortação, diálogo, primeira adesão, exorcismos e renúncias, aos cultos não cristãos, assinalação na fronte e nos sentidos, imposição do novo nome, ingresso na Igreja, ritos auxiliares); celebração da Palavra de Deus (entrega do Evangelho, preces pelos catecúmenos); despedidas dos catecúmenos e celebração da Eucaristia" (LELO, A.F. *A iniciação cristã*... Op. cit., p. 54).

75 *Compêndio do Vaticano II*. Decreto *Ad Gentes*, n. 14.

76 LELO, A.F. *A iniciação cristã*... Op. cit., p. 54.

Os que conduzem os candidatos também são interrogados se de fato estão dispostos a dar testemunho de fé. "A entrada no catecumenato é o começo do ato sacramental do batismo. Como toda celebração litúrgica, é ação de Deus e da Igreja"[77]. Deus age na liturgia em benefício dos homens através de sua graça, e a Igreja, por sua vez, eleva Deus como autor e cume dos atos sacramentais e litúrgicos. A assinalação[78] com o sinal da cruz indica que a pessoa se deixa possuir pelo Senhor, marca a nova situação de vida.

> Há de notar a mudança de estatuto que sofre o indivíduo: após receber a signação da cruz e inscrever seu nome no livro dos catecúmenos, passa a ser cristão, ainda que não seja considerado fiel[79].

A segunda parte da celebração começa com a solene entrada na Igreja, com significado alegre de ingresso, acolhida no sentido forte da palavra pela comunidade.

A tomada de consciência religiosa e social forma o bloco unitário para os catecúmenos crescerem na fé. Certamente não viverão um "mar de rosas". Serão confrontados pelos vários segmentos da sociedade a dar testemunho de pertença a Cristo, na caminhada eclesial. São preparados para essa realidade desafiadora. A experiência pessoal e coletiva vai dinamizando esse tempo forte de instrução e vivência cristã.

> O que deve ser discernido no catecumenato durante este período não é tanto a sua capacidade intelectual em relação a conceitos sobre a fé, mas o amadurecimento naquelas disposições para a fé que já se manifestavam quando o indivíduo foi admitido ao catecumenato[80].

77 FLORISTÁN, C. Op. cit., p. 184.

78 Cf. Rica, n. 83-87.

79 LELO, A.F. *A iniciação cristã*... Op. cit., p. 57.

80 KAVANAGH, A. *Batismo* – Rito da iniciação cristã: tradição, reformas, perspectivas, p. 118.

A conotação doutrinal sob a responsabilidade do presbítero, diácono ou catequista possibilita aos catecúmenos mergulhar no que pensa e diz a Igreja, ou seja, o Magistério e sobre o mistério da salvação preparado e revelado na pessoa e obras de Jesus Cristo. Esta formação deve estar "relacionada com o ano litúrgico e apoiada nas celebrações da Palavra"[81]. Isso dá suporte metodológico e litúrgico à celebração e vai, de certo modo, adquirindo conhecimento do ato redentor de Jesus na cruz e o motivo do desígnio de Deus Pai em favor da humanidade que estava sob o pecado e, portanto, afastada do convívio harmonioso com Deus.

Esse entrelaçamento de teologia e ações litúrgicas são méritos do Rica, muito embora a vertente ritual seja seu ponto forte. Explicita as ações de Deus através dos ritos. Esses ritos catecumenais visibilizam a graça do Espírito Santo que dinamiza a vida teologal, proporcionando unidade existente entre maturidade e conversão. A Palavra de Deus direciona os candidatos aos sacramentos da iniciação cristã paulatinamente segundo as moções do Espírito Santo que fará morada na vida do catecúmeno[82].

Na sociedade de hoje, estamos carentes de práticas libertadoras e cristãs, seja pela indiferença religiosa ou falta de interesse em aprofundar a fé em comunidade. Há que viver o que foi internalizado! Se assim não for, corre-se o risco de ficarmos no plano racional-especulativo. Os catecúmenos precisam ter referências de fé encarnada.

A manifestação da graça de Deus age em cada uma das ações litúrgicas e renova o propósito de pertença a Deus pelo catecúmeno. Os exorcismos objetivam fazer com que os catecúmenos possam reconhecer intimamente a condição de pecadores. Eles, por si, não têm condições de sair do estado de pecado; vem em seu auxílio à graça de Deus suplicada nos sacramentos através da ação trinitária[83]. Ser ungido tem como meta "O efeito dessa força

81 Rica, n. 19,1.

82 Cf. LELO, A.F. *A iniciação cristã*... Op. cit., p. 60.

83 A oração de exorcismo pede o auxílio de Deus. Na liturgia acontece com a imposição das mãos para ajudar os adultos na libertação do pecado, fortaleza espiritual e aceitação da graça de Deus. Cf. Rica, n. 113 e 159.

na luta, como se exprime a Igreja na oração de bênção do óleo, levará a experimentar a alegria de estar inserido em Cristo"[84]. A entrega do Símbolo, o Credo, é a expressão de confirmação das convicções de fé em Jesus Cristo. É assimilado pela recitação.

No final deste período vem a celebração da eleição, concluindo, assim, a etapa do catecumenato. O referido acontecimento se realiza no início da Quaresma, para ter nexo com a segunda etapa, a ser desenvolvida[85].

2.3 Tempo da purificação e iluminação[86]

A experiência da purificação e iluminação acontece no período quaresmal, seis ou oito semanas. Tem por finalidade preparar intensamente os eleitos[87]. Continua a preparação anterior, porém dando ênfase à vida interior desde a sintonia entre coração e espírito com o objetivo de unidade a Cristo e seu projeto de transformação interior. O contínuo intuito de avaliação consciente e a penitência serão os suportes de continuidade da etapa anterior que primou pela catequização e outros aspectos da vida cristã. O tempo litúrgico imbuído de sentido penitencial é introjetado pelos adultos para serem norteados sobre as práticas da Quaresma (jejum, caridade, oração), tendo presente a estreita preparação sacramental.

Na Quaresma os catecúmenos são eleitos para o batismo e através dele são inundados pela luz da fé. O nome dos eleitos é escrito em livro especial[88].

84 LELO, A.F. *A iniciação cristã...* Op. cit., p. 66.

85 Cf. IRMÃO NERY. Op. cit., p. 135.

86 Rica, n. 21-26.

87 "O termo eleito indica que os crentes são objetos da ação gratuita de Deus: Ele os há iluminado, e agora, à sua luz, devem caminhar para ser dignos desse chamado, certos de que Deus não faltará nunca à sua fidelidade. O rito ressalta a importância da comunidade eclesial no ato de acolher esses dons que Deus faz à sua Igreja" (LELO, A.F. *A iniciação cristã...* Op. cit., p. 72).

88 Cf. Rica, n. 22.

Durante a purificação e iluminação acontecem **os escrutínios**, entendidos a partir de orientações da saída da escravidão pecaminosa e sua influência. Existem também **as entregas**, ou seja, a liturgia é rica em símbolos. A catequese aliada à liturgia incute nos adultos os símbolos religiosos existencialmente para vida de fé. A entrega do Credo pode ser feita aqui, na Quaresma e depois do Pai-nosso[89].

O batismo contempla vida nova, e a situação de pecado vai criando nova configuração. O espírito e o coração caminham juntos nessa renovação de fé, para mais tarde acontecer a recepção dos sacramentos da iniciação cristã. A celebração pascal é o momento, por excelência, de reunião da comunidade para dar graças a Deus pela transformação na vida dos eleitos. Esse tempo é curto, porém rico em espírito de recolhimento e espiritualidade. É chamado "[...] o grande retiro dos catecúmenos para aceder aos sacramentos pascais"[90]. Segundo o Rica, o tempo litúrgico da Quaresma é importante porque o caráter penitencial passa a fazer parte da vida do adulto: passa a refletir sobre suas mazelas, redireciona o caminho para o Senhor e a busca de práticas reconciliatórias.

2.4 Celebração da eleição ou do nome

O rito da eleição diz respeito ao término do catecumenato, dá início à segunda etapa, em que os catecúmenos passarão a ser eleitos ou iluminados. O pedido de inclusão na comunidade comporta três realidades: "[...] o dom de Deus, a correspondência do catecúmeno e o empenho da comunidade"[91]. Esses pontos não valem somente para essa etapa, estão no âmago de todas as etapas da iniciação cristã. Deus manifesta seus apelos de renovação de vida; ao

89 Cf. ibid., n. 25.

90 FLORISTÁN, C. Op. cit., p. 191.

91 LELO, A.F. *A iniciação cristã*... Op. cit., p. 73.

homem, por sua vez, cabe dizer sim ou não à graça que jorra abundantemente. A comunidade ajuda nesse processo, pois faz parte de sua razão de existir; promover unidade, acompanhamento e inclusão de todos para a vivência concreta da bondade divina. A eleição está intimamente ligada ao discernimento do catecúmeno, ou seja, constante revisão de vida.

> Antes de celebrar a "eleição", requer-se da parte dos catecúmenos conversão de mentalidade e costumes, suficiente conhecimento da doutrina cristã, senso da fé e da caridade[92].

A pedagogia da fé possibilita o conhecimento da pessoa de Jesus, tomada de posição em introjetar o Evangelho na vida e o valoroso convívio na comunidade de fé. A presença e a participação ativa nos ritos constituem verdadeira catequese. Os ritos são feitos depois da homilia e compreendem a seguinte ordem:

> 1) apresentação dos candidatos pela pessoa mais indicada; 2) exame ou interrogatório dos candidatos e pedido dos mesmos; 3) admissão, eleição ou inscrição dos nomes; 4) súplicas pelos eleitos[93].

Através da Quaresma nossos eleitos passam pelos escrutínios[94], exorcismos e bênçãos para criar novo vigor. Acontecem na liturgia do 3º, 4º e 5º domingos da Quaresma. As leituras bíblicas são extraídas do ciclo A do ano litúrgico. Em cada domingo é abordada temática específica. No terceiro domingo (água viva: Jo 4,5-42); quarto domingo (luz do mundo: Jo 9,1-41) e no quinto domingo (ressurreição de Lázaro: Jo 11,1-46). Esses temas escolhidos com esmero devem despertar nos eleitos a predileção de Deus. O

92 Rica, n. 23.

93 FLORISTÁN, C. Op. cit., p. 194.

94 Escrutínios: orientação pessoal para a libertação do pecado e das influências do mal.

distanciamento de práticas ruins é compromisso assumido pelos iluminados. A preparação infunde nos eleitos certeza que Cristo os quer por inteiro.

> Os escrutínios se celebram segundo este esquema: 1) Liturgia da Palavra correspondente às leituras do ciclo A; 2) Oração dos fiéis e dos catecúmenos em silêncio; 3) Súplicas pelos eleitos, ao mesmo tempo que os padrinhos apoiam sua mão direita no ombro de seu afilhado; 4) Exorcismo do celebrante sobre os eleitos. Depois que os eleitos saem do templo, celebra-se a Eucaristia, que começa com a oração universal[95].

A Quaresma trabalha a questão penitencial, porém devemos prudentemente não supervalorizar a nostalgia do sofrimento como se fosse vontade de Deus. O edificante é que, por meio da cruz, Jesus enfrentou os sofrimentos para dar-nos vida em plenitude. Vivenciamos a Quaresma em vista da Páscoa. A pedagogia bíblica evidencia que Deus nos transportará para além da transitoriedade mundana.

O pano de fundo das celebrações com os escrutínios tem como meta, segundo o Rica: "progredir do primeiro ao último escrutínio, na consciência do pecado e no desejo de salvação"[96]. Os escrutínios seguem a dinâmica bíblica da história da salvação, sobretudo com destaque à mudança de vida para o recebimento dos sacramentos da iniciação cristã, que virão posteriormente. A presença de Deus na história chama a todos ao encontro transformador de seu amor. Os iluminados escutam os inúmeros apelos de Deus nas leituras bíblicas e maturam sua mudança de vida. Os três escrutínios internalizam esses apelos divinos aos quais estão sendo preparados. São eles:

I - **Primeiro escrutínio** (terceiro domingo da Quaresma – n. 160-166): As leituras conduzem os eleitos em função da iniciação sacramental e penitencial (1ª leitura: Ex 17,3-7; Sl 94; 2ª leitura: Rm 5,1-2.5-8; Jo 4,5-42).

95 FLORISTÁN, C. Op. cit., p. 201.

96 Rica, n. 157.

A Igreja vai trabalhando a fé do eleito, reconhecendo o progresso dessa caminhada de fé. A estreita ligação do Evangelho com a primeira leitura que discorre sobre a água do Monte Horeb, depois do toque na rocha, por Moisés. A partir das necessidades humanas (sede e fome), Jesus mostra seus dons: a água viva são os ensinamentos e práticas que devem ser referência na vida do eleito que se encontra com Cristo e interioriza no coração e na vida suas palavras de libertação. Jesus, para quem o alimento era fazer a vontade do Pai, nos chama para o cumprimento de nossa missão como cristãos[97]. O progresso gradual de conhecimento da pessoa de Jesus faz reconhecê-lo como Messias e salvador da humanidade (Jo 4,42). A dinâmica dialogal entre Jesus e a samaritana impele os iluminados a caminharem ao encontro e conhecimento da pessoa de Cristo para saber sua vontade e não confundir a meta de Jesus com desejos particulares.

Os exorcismos[98] desses terceiro, quarto e quinto domingos da Quaresma apresentam os eleitos na invocação de Deus para que sejam saciados com a água viva contida na Palavra de Deus, na condição de miseráveis, se não forem auxiliados pela graça do Senhor. O **exorcismo do terceiro domingo** é uma espécie de recapitulação do Evangelho da samaritana na vida do eleito; **exorcismo do quarto domingo** faz referência ao sacramento: "O dom do Espírito concede a força necessária ao eleito para que a fé produza a mudança dos costumes e o leve à caridade operante"[99]. Os dois primeiros exorcismos têm em comum o processo de conversão mediante a escuta da Palavra de Deus. A epiclese chama atenção para que Deus venha em auxílio dos iluminados: "Convertei seus corações pela força do Espírito Santo, a fim de conhecerem o vosso Pai, pela fé sincera que se manifesta na caridade"[100] e o **Terceiro exorcismo do quinto domingo** menciona o poder de Deus através

97 Cf. FLORISTÁN, C. Op. cit., p. 276.

98 "Rito pelo qual os eleitos são, por um lado, libertados das consequências do pecado e da influência diabólica, e, pelo outro, são 'fortalecidos em seu caminho espiritual e abrem o coração para receber os dons do Salvador'" (ALMEIDA, A.J. *ABC da iniciação cristã*, p. 79). Cf. tb. Rica, n. 156 e 164.

99 LELO, A.F. *A iniciação cristã*... Op. cit., p. 82.

100 Rica, n. 164.

da ressurreição dos mortos e a vida nova oriunda do batismo que configura em Cristo a saída do pecado para uma vida na graça[101]. A realidade pascal vai inundar seus corações, espíritos e atitudes.

II - Segundo escrutínio (quarto domingo da Quaresma, n. 167-172). 1ª leitura: 1Sm 16,1-4.6-7.10.13; Sl 22; 2ª leitura: Ef 5,8-15; Jo 9,1-41. O evangelho desse domingo fala sobre o cego de nascença. A cura do cego de nascença mostra a ação de Jesus em libertar a pessoa da escuridão (trevas) para conduzi-la à luz (conversão). Podemos observar dois movimentos que nos lembram o itinerário tanto de evolução (o cego passa da cegueira à visão) e um retrocesso (dos fariseus – que passam da visão à cegueira). Na comunidade percebemos traços em que nem todos conseguem evoluir na experiência cristã e de suas manifestações salvíficas presentes na comunidade eclesial.

> O cego é figura do povo reduzido à impotência pela opressão de seus dirigentes [...] pode transformar-se em homem-espírito, com liberdade de opinião e resistência a qualquer pressão [...]. O cego se liberta superando diferentes provas[102].

O Senhor deu-lhe dignidade, e a partir desse encontro transformador o ex-cego é convidado a deixar tudo e a seguir o Jesus da caridade, do amor, da fé e compromisso transformador. Nessa segunda etapa da iniciação cristã os iluminados passam pela mesma situação de escuridão, porém Jesus Cristo os resgata para si, através dos sacramentos, e eles viverão uma vida nova, embasada nos valores do Evangelho: "Os eleitos devem tomar consciência de sua situação de pecado, de que têm a necessidade de serem libertados de satanás e fortalecidos pelo poder de Cristo"[103].

101 Cf. ibid., n. 178.

102 FLORISTÁN, C., p. 278.

103 LELO, A.F. *A iniciação cristã...* Op. cit., p. 84.

Mediante a iluminação pela fé vinda do Espírito Santo, "se colocam na expectativa dos sacramentos que se aproximam"[104].

III - Terceiro escrutínio (quinto domingo da Quaresma, n. 174-179). O episódio evangélico que norteia esse escrutínio é sobre a ressurreição de Lázaro. As leituras: 1ª leitura: Ez 37,12-14; 2ª leitura: Rm 8,8-11; Jo 11,1-45. Quanto ao Evangelho:

> É dentre todos os "sinais" operados por Jesus o mais importante [...] para manifestar que Jesus é mais forte do que a morte e que sua vida termina dando vida. Ele mesmo ressuscitará porque é "a ressurreição e a vida"[105].

Lázaro representa a humanidade libertada da morte por intermédio de Jesus Cristo que o ressuscita, tendo em vista o novo procedimento em Cristo daquele que foi liberto da morte. A morte não é para ser temida, Cristo transcende essa realidade e pode ressuscitar todos aqueles que fizerem adesão a Ele, mediante a fé e a confiança. Na vida do iluminado, a ressurreição de Lázaro tem novo vigor. Ele é impelido a ressuscitar com Cristo, a partir da centralidade do Mestre em nortear sua vida. O corpo de Cristo ressuscitado se torna verdadeiro alimento e seu sangue verdadeira bebida. Essa estreita união entre Cristo-Vida, o iluminado traduz em gestos de solidariedade entre os irmãos, pois os sacramentos da iniciação os colocam perante Deus. Somos dependentes da misericórdia de Deus e, uma vez alcançada, deve-se frutificar em comunidade a prática do perdão. É desafiador porque não temos forças próprias, em Cristo somos capazes.

É interessante a redação do primeiro exorcismo[106], em que se mostra o envio do Filho por Deus Pai para nos resgatar do domínio da morte e, através

104 Ibid., p. 84.

105 FLORISTÁN, C. Op. cit., p. 280.

106 Cf. Rica, n. 178.

de sua ressurreição, nos garantir vida nova. A ressurreição de Cristo aponta para a vida nova dada no batismo. Essa nova vida em Cristo deve guiar todo o ser do iluminado.

ABERTURA DOS SENTIDOS ESPIRITUAIS[107]

Datas de celebrações	Escrutínios	Evangelhos	Temas	Sentidos vitais
Terceiro domingo da quaresma	Primeiro	Samaritana (Jo 4,5-42)	"Água viva" "Alimento novo"	Gosto
Quarto domingo da quaresma	Segundo	Cego de nascença (Jo 9,1-41)	"Eu sou a luz do mundo"	Vista
Quinto domingo da Quaresma	Terceiro	Lázaro (Jo 11,1-46)	"Eu sou a Ressurreição e a vida"	Tato
Sábado Santo	Rito do *effetá*	Surdo-mudo (Mc 7,31-37)	"Abre-te"	Ouvido e boca

A entrega do símbolo apostólico pode ser feita durante a semana seguinte ao primeiro escrutínio ou então durante o catecumenato. É realizada durante a celebração semanal diante de toda comunidade. O Rica propõe os seguintes textos que discorrem sobre a fé que salva: Dt 6,1-7; quem crer em Jesus será salvo: Rm 10,8-13. O símbolo é lido perante os catecúmenos, depois vêm às orações conclusivas, que ressaltam a necessidade da fé para se chegar aos sacramentos.

> Definitivamente, a fé é um dom de Deus, significada e cumprida sacramentalmente no batismo, dom que não é mecâni-

107 FLORISTÁN, C. Op. cit., p. 269.

co, mas supõe uma fé inicial e uma vontade de entregar-se inteiramente no caminho[108].

A entrega da oração do Senhor fica depois do terceiro escrutínio e antes do batismo[109]. Enfatiza a dimensão da iluminação, anterior à recepção dos sacramentos. Em suma, fazemos jus a essas palavras que sintetizam as realidades do Símbolo e da Oração do Senhor.

Os iluminados quando recebem o Credo ao professarem diante da comunidade, é notório que o Credo não se torna para eles um texto qualquer. É a profissão pública sendo assumida na vida de fé. É testemunho a ser aperfeiçoado no mundo. E o Pai-nosso desperta neles a audácia de se dirigirem a Deus assim como Jesus fazia durante sua peregrinação na terra. Essa atitude orante vai perdurar por toda a vida[110].

Na preparação imediata (n. 183-131) da manhã do Sábado Santo, o Rica propõe uma espécie de retiro espiritual em que se antecede à véspera da celebração dos sacramentos pascais. É a "segunda etapa" da iniciação cristã vivenciada resumidamente, mas com muito recolhimento. Evangelho do surdo-mudo (Mc 7,31-37), o celebrante faz os mesmos gestos de Jesus; toca com o polegar os ouvidos e os lábios de cada eleito.

108 LELO, A.F. *A iniciação cristã...* Op. cit., p. 89.

109 Cf. ibid., p. 89.

110 Cf. ibid., p. 90.

2.5 Os sacramentos da iniciação cristã[111]

É aqui onde acontece o "coroamento" de todo um processo de iniciação cristã. Atinge seu cume na vigília pascal, com a celebração sacramental. Teologia e espiritualidade interagem no núcleo da celebração pascal. A interiorização dos textos sagrados e a disposição interior do adulto ajudarão a frutificar os sacramentos da iniciação cristã dentro da comunidade de fé que o acolheu e acompanhou sua trajetória cristã. A presença da comunidade na celebração sacramental dá coragem e força ao adulto, para que, depois de recebidos os sacramentos, possa viver sua caminhada mistagógica com louvor e dignidade. O clima festivo da comunidade não deve ofuscar a responsabilidade diante da comunidade e do mundo acerca dos frutos concretos da graça sacramental.

Depois da recepção dos sacramentos da iniciação cristã, não termina a caminhada de fé. Abrem-se as portas do coração da comunidade para que o adulto flua a partir da graça dos sacramentos recebidos. É constante renovação interior e exterior no adulto.

> Erraria a catequese que apresentasse cada um dos sacramentos isolado dos outros, como algo que, uma vez recebido, fica definitivamente encerrado, passado. Se o Batismo e a Confirmação se recebem uma só vez, a Eucaristia, que foi instituída para ser continuamente repetida, renova cada vez o tudo que foi doado com os dois primeiros sacramentos (apud)[112].

Devemos evidenciar a unidade dos sacramentos da iniciação cristã. Os ritos, expectativas da comunidade, homilia do bispo ou presbítero autorizado, a teologia e a recepção dos três sacramentos da iniciação devem suscitar o conjunto de todo o acompanhamento e vida nova dos iniciados. A tríade sacramental

111 Rica, n. 27-36.

112 LELO, A.F. *A iniciação cristã*... Op. cit., p. 31.

recuperada pela Igreja pós-conciliar evoca o plano histórico-salvífico de Deus e possibilita aos adultos participarem ativamente do mistério pascal: o banho (batismo – morte e ressurreição do Senhor); a unção (confirmação – dom do Espírito Santo); a Eucaristia (união ao sacrifício do Senhor na cruz e sua vitoriosa vida na ressurreição)[113]. No que toca aos sacramentos da iniciação cristã, o Rica, com metodologia catequética, faz da recepção desses sacramentos última etapa necessária na vida do novo cristão. A eleição faz vivenciar o perdão de Deus e motivar contínua busca de corresponder ao chamado do Senhor[114].

O recebimento desses sacramentos da iniciação abre o leque de concretizar a responsabilidade das atitudes cristãs com os necessitados que clamam auxílio e defesa. Podemos dizer que esses sacramentos expressam o simbolismo radical do cristão em sua passagem das trevas à luz (nova criatura), do egoísmo à caridade (nova práxis) e da morte à vida (libertação definitiva). São exigidas várias atitudes – rupturas (renúncias) e compromissos (confissão de fé), banho (filiação), unção (confirmação da decisão), jejum (solidariedade com os pobres) e comida (luta pela justiça). Essas práticas decorrem do verdadeiro comportamento de quem é transformado mediante a efetivação da graça desses sacramentos. Nem todas essas práticas são feitas satisfatoriamente, porém Deus vai amadurecendo o que ainda não está sendo vivenciado. O recebimento da graça pelo batismo confere força sacramental para aperfeiçoar e prolongar o batismo nos dons do Espírito, que encoraja os neófitos nas exigências do caminho pascal.

A Eucaristia nutre essa realidade, fazendo presente os frutos dos sacramentos anteriores, ou seja, Batismo e Confirmação. Porém, para que a Eucaristia transforme a vida do neófito, não deve ser tomada mecanicamente. Faz-se necessária disposição e crescimento na fé. A Comunhão deve ser oração pessoal, inserida no ato posto pela Igreja e no compromisso com a libertação integral da pessoa, sendo assim, realiza-se progressivamente o encontro com Deus.

113 Cf. ibid., p. 94.

114 Cf. Rica, n. 27.

O binômio: evento pascal e Igreja são fundamentais para que os adultos possam receber os beneplácitos sacramentais e a comunidade eclesial espera que os neófitos possam, satisfatoriamente, corresponder à preparação feita pela comunidade. Eles recebem os sacramentos da iniciação, porém não terminou a caminhada de fé. Apenas os adultos passaram pelas três etapas as quais, segundo a Igreja, todos devem se submeter, com exceção de alguns casos em que se percebe o progresso individual do adulto; então, ocorre em menos tempo. A comunidade caminha com todos rumo à maturidade em Cristo e efetivação da graça transformadora no mundo.

2.5.1 Celebração dos sacramentos da iniciação cristã

O rito de recepção dos sacramentos começa depois da homilia feita pelo presidente da celebração. Os eleitos e seus padrinhos/madrinhas vão para fonte ou batistério: **1)** bênção da água batismal (n. 215-216); **2)** renúncia do mal (n. 217); **3)** unção com óleo dos catecúmenos, se isto ainda não foi feito (n. 206-207 e 217-218); **4)** profissão de fé (n. 219); **5)** batismo pela imersão ou infusão (n. 220-222); **6)** unção com o crisma se a confirmação é adiada por alguma razão especial (n. 223-224); **7)** é dada uma veste branca e uma vela (n. 225-226); **8)** confirmação (n. 227-231); **9)** a eucaristia pascal, começando com a preparação dos dons (n. 232-234)[115]. Esses passos são necessários para que a celebração alcance o nível de participação e interiorização dos presentes que irão receber os sacramentos da iniciação cristã. Na liturgia percebemos os elementos pedagógicos e catequéticos: mesmo na celebração se recordam os feitos de Deus na história de salvação através da proclamação da Palavra. O aprendizado catequético é percebido através dos ritos praticados na celebração.

115 Cf. KAVANAGH, A. Op. cit., p. 123

O Rica orienta que a celebração de iniciação dos adultos seja realizada na noite da vigília pascal, porém é flexível. Não ocorrendo na vigília pascal, seja pelo menos dado a importância pascal. Sabemos que os sacramentos têm a vertente pascal. Quanto ao batismo, São Paulo nos diz: "Fostes lavados, consagrados e absolvidos pela invocação do Senhor nosso Jesus e pelo Espírito de nosso Deus" (1Cor 6,1-10). Mostra a regeneração mediante o batismo e o início de tomada de posição segundo o projeto de Deus. A conversão é imperativo dos que se lançaram durante as etapas da iniciação cristã.

A celebração funciona como espécie de coroamento depois da perseverança formativa, espiritual, vivencial dos valores da Palavra de Deus na vida dos adultos. A configuração na Páscoa de Cristo, pela recepção do **batismo** (recebemos a filiação divina), da **confirmação** (dom do Espírito Santo) e do **banquete eucarístico** (pela morte e ressurreição tornou-se alimento para nossa salvação), convida à vivência de nova realidade cristã.

O mundo questiona a fé cristã e até mesmo a razão da recepção dos sacramentos. Uma vez tendo participado ativamente dos pressupostos vivenciais e comunitários, os neófitos darão testemunho de Cristo, pois a dinâmica cristã é imbuída da assistência do Espírito Santo que dará entendimento, força e, sobretudo, renovação às concepções, convicções e certezas cristãs. Em resumo podemos dizer:

> São três etapas de um único processo, a ação conjunta dos três sacramentos de tal modo se complementa que conduz os fiéis à maturidade da vida cristã, torna-os capazes de cumprir na Igreja e no mundo a missão própria do povo de Deus, cooperando na expansão e na dilatação do corpo de Cristo para levá-lo o quanto antes à sua plenitude (cf. Ef 4,13)[116].

A luta diária em permanecer perseverante, segundo as orientações evangélicas, compõe uma pequena parte da missão de anunciar Jesus, aprofundar

116 LELO, A.F. *A iniciação cristã...* Op. cit., p. 118.

cada vez mais a fé, mediante o compromisso de libertação na comunidade e de atrair mais pessoas ao encontro verdadeiro com Cristo. São metas que vão desabrochando na conduta do ser humano novo. Atualizar o amor de Cristo derramado na cruz e vitoriosamente glorificado na ressurreição é um dos marcos que compõe nossa fé: nasceremos para a salvação se dissermos sim incondicional a Cristo e às práticas de libertação das estruturas de morte que vitima milhares de pessoas todos os dias.

2.5.2 Tempo da mistagogia[117]

Ao falarmos de mistagogia enquanto tempo envolve atividades para oxigenar o progressivo crescimento dos adultos na fé. Tempo de esmeradas vivências litúrgicas. A finalidade desse tempo é integração dos adultos na comunidade através da participação nos grupos, movimentos ou pastorais as quais os neófitos escolherão por afinidade e mística dos sacramentos iniciais.

A beleza desse tempo é caminhada constante. Ninguém está totalmente pronto! A comunidade fará a "ponte" dos neófitos e as respectivas demandas missionárias e pastorais. Insistimos nas "catequeses mistagógicas"[118]. A festa litúrgica no dia da recepção dos sacramentos da iniciação foi mais um passo no aperfeiçoamento da fé cristã. Segundo o Rica, esse tempo de mistagogia perdura todo o período pascal. Tenta "afunilar" a experiência mística, concretizar os frutos do Espírito Santo que os conduziu durante o itinerário, para envolvê-los existencialmente na comunidade de fé. Os neófitos, já inicia-

117 Rica, n. 37-40. "O primeiro contato com a liturgia batismal da vigília pascal em sua totalidade é demasiado simbólica e expressiva para adquirir de uma vez plena experiência. A vivência da noite pascal é profunda. [...] Todos eles necessitam de certo tempo para saborear o significado dos símbolos recém-experimentados e penetrar na realidade misteriosa da nova via aceita" (FLORISTÁN, C. *Catecumenato*: história e pastoral da iniciação, p. 217).

118 "Consiste em experimentar com gosto, alegria e sabedoria o sentido da vida de fé (meditação do Evangelho), o significado dos sacramentos (participação na Eucaristia) e as relações fraternais adquiridas em comunidade (exercício da caridade e do compromisso)" (FLORISTÁN, C. *Catecumenato*... Op. cit., p. 217).

dos nos mistérios cristãos, participam da santa missa e recebem a Eucaristia. São "eternos" catequizandos no seio da comunidade, sempre na dinâmica de aprendizagem acerca dos tesouros da fé cristã. O testemunho agrega valor e os impulsiona à missão, para dar sentido à escolha que fizeram do seguimento a Cristo no engajamento comunitário.

A mistagogia remonta-nos aos Santos Padres da Igreja que deram relevância em suas homilias pós-batismais. Ambrósio de Milão, Cirilo de Jerusalém, João Crisóstomo e tantos outros. A razão das catequeses mistagógicas, nos primeiros séculos cristãos, foi reforçar a conversão dos neófitos e fazê-los caminhar com a comunidade que esteve presente durante as etapas e os tempos. A retomada do Rica com a conotação mistagógica é de certo modo impedir o desligamento brusco dos novos cristãos com a comunidade de fé. A mistagogia compreende três pilares: **1)** aprofundamento existencial dos elementos básicos da fé cristã; **2)** encontros catequéticos e celebrativos e **3)** participação na vida e missão da comunidade de fé. Esse aprofundamento cristão realça o mistério de Cristo que, mediante a κενοςισ (rebaixamento, humildade), se tornou um de nós, exceto no pecado, para resgatar-nos. As reuniões mistagógicas retomam o valor da missão assumida na vida dos neófitos. Acontece através da via sacramental. Essas catequeses seguem a dinâmica litúrgica e são celebrações preparadas para fornecer ensinamentos dentro da ênfase sacramental.

A mistagogia é também para gerar cristãos missionários. O Novo Testamento nos inspira na caridade, mostra exemplos solidários da comunidade cristã primitiva. Trazemos para nossa realidade: escuta da Palavra de Deus, comunhão fraterna, orações e a Eucaristia dominical que os impele a concretizar a solidariedade fraterna. É certamente um desafio viver a fraternidade, na variedade de costumes e estilos. Aprendemos dos apóstolos que é possível a fraternidade (cf. At 2,42-47). A partir de Cristo as pessoas percorrem o caminho que vai além de si, ou seja, tiram de seu coração o que há de melhor, "permite identificar os cristãos como peregrinos e, ao mesmo tempo, como os seguidores do Caminho" (cf. At 16,17)[119].

A unidade estreita da teologia com a liturgia dá suporte instrutivo (conhecer a ação de Deus em favor da humanidade) e vivencial (toda celebração tem a participação do memorial de Cristo mediante o evento pascal). A doação de Jesus Cristo na cruz e sua ressurreição constituem o âmago da vida cristã a ser assumida pelos neófitos.

O Rica chama atenção quanto ao "encerramento" do tempo da mistagogia. Deve ser feita uma celebração por volta do Domingo de Pentecostes, perdurar clima de alegria e louvor a Deus pela nova vida dos neófitos para que perseverem na caminhada cristã. Não é bom passar sem menção o aniversário do batismo deles.

A comunidade comemora essa maravilhosa ação de graças concretizada no batismo e demais sacramentos da iniciação cristã. A Eucaristia constantemente alimenta-os na caminhada cotidiana, revigorando as forças para robustecer a vida espiritual e concreta na defesa dos oprimidos espalhados nos mais diversos contextos socioexistenciais.

Os grupos, movimentos e pastorais vão dinamizar a presença dos neófitos, buscando a integração de todos para convergir forças rumo à missão e edificação da Igreja, corpo místico de Cristo. Os serviços e ministérios laicais estão de portas abertas para receber os neófitos e nutrir a fé aprofundada e vivenciada na comunidade, auxiliados pela graça de Deus.

119 CNBB. *Comunidade de comunidades*: uma nova paróquia, n. 97.

TEMPOS E AS ETAPAS DA INICIAÇÃO À VIDA CRISTÃ DE ADULTOS[120]

Tempos	1ª tempo: pré-catecumenato	1ª etapa: recepção ou admissão no catecumenato	2ª tempo catecumenato
Duração	Não definida		Um ou vários anos
Conteúdo	(Primeiro anúncio) evangelização		Catequese gradual
Finalidade	Despertar a fé		Aprofundamento da fé e aprendizado da vida cristã
Celebrações	Encontros fraternos		Mudança de vida, celebrações da Palavra, exorcismos menores e bênçãos
Funções	Acolhida **Simpatizantes**		Catecúmenos **Candidatos**
Responsáveis	Introdutor acompanhante		Catequistas, padrinhos e comunidade

120 IRMÃO NERY. Op. cit., p. 131.

2ª etapa: eleição, inscrição do nome ou chamada	**3ª tempo** **retiro quaresmal**	3ª etapa: celebração dos sacramentos na vigília pascal	**4ª tempo** **mistagogia**
	Quaresma		Tempo Pascal
	Retiro intensivo, preparação imediata aos sacramentos		Catequese sacramental e litúrgica
	Maturação das decisões		Integração na comunidade
	Três escrutínios: 3º, 4º e 5º domingo da Quaresma, entrega do símbolo e do Pai-nosso		Eucaristias comunitárias e aniversários de batismo
	Eleitos, iluminados **Decididos**		Neófitos **Novos cristãos**
	Catequistas e comunidade		Catequistas, padrinhos e comunidade

Capítulo 3

3 Relevância pastoral do itinerário do Rica para os nossos dias

A Igreja busca entender a origem dos acontecimentos que envolvem a vida humana. A partir disso, terá mais eficácia lidar com inquietações e conquistas do homem contemporâneo. Ressaltamos a contribuição do Concílio Vaticano II para a vida interna e externa da Igreja. Uma das preocupações da Igreja conciliar dizia respeito para com a realidade dos jovens e adultos que precisavam fazer seu caminho de maturidade de fé na comunidade. O Rica chegou como solicitação de bispos, padres e leigos conscientes do valor transformador para a catequese, liturgia e pastoral.

As diversas realidades eclesiais estão necessitando da estrutura inculturada da iniciação cristã, tendo como fio condutor o catecumenato em torno de seus tempos e etapas. Isto porque há uma demanda de jovens e adultos que chegam às comunidades: nem foram batizados, relaxaram sua caminhada cristã e boa parte retoma o caminho de coerência evangélica por meio do aprofundamento da fé.

Mediante esse contexto desafiador estamos preparados para fornecer acompanhamento transformador a esses jovens e adultos? Fala-se da importância do catecumenato, porém, na prática, estamos aquém do que poderíamos ter avançado. A ousadia de montar a equipe para trabalhar especificamente com esses jovens e adultos já é um valioso passo rumo à maturação dos tempos e etapas catecumenais que ocorrem em muitas dioceses e paróquias. Observa-se que a Igreja do Brasil pode avançar mais acerca do assunto do contexto dos jovens e adultos, também a respeito da catequese, liturgia e pastoral[121].

A prática pastoral é exigente, cobra resultados concretos e às vezes imediatos. Temos muitos manuais que falam sobre a catequese com adultos! Devemos aplicar suas orientações com prudência e criatividade. Resta-nos dar passos ousados, depende de nós!

3.1 Desafios para iniciação cristã de adultos

Os projetos propostos pela Igreja tentam, em sua raiz, ajudar as pessoas a ter dignidade e, sobretudo, desencadear ações transformadoras dentro da própria comunidade. Os tempos e etapas da iniciação cristã de adultos discorridas no Rica são uma oportunidade de crescimento e maturação da fé. Muitos são os "ventos" que sopram contra a Igreja, porém não devemos desanimar. A caminhada do cristão que tem experiência profunda com Cristo, a partir da caminhada comunitária, jamais desfalece. Nós, na qualidade de cristãos, não devemos ser alienados, deixando de assumir a ação profética. Fazemos parte do projeto de Cristo, ou seja, gerar vida onde há tanta falta de perspectivas transformadoras.

O binômio fé e vida consiste faceta da mesma moeda. Cristo lidou harmoniosamente com isso. Os apelos de Deus se fazem presentes em todos os contextos: nas mudanças socioeconômicas, no plano cultural, na crise de

121 Cf. *Segunda Semana Brasileira de Catequese*, realizada em outubro de 2001 e o *Diretório nacional de catequese*.

paradigmas éticos e na maneira de como se vive a fé. A cultura do imediato, do descartável despreza o que exige esforço e estágios de preparação. Nós cristãos, em grande parte, ficamos a desejar; quem nasce nesse ambiente é desafiado. A família "igreja doméstica" deveria favorecer os primeiros frutos cristãos. "Mais e mais as novas famílias deixam de levar em conta a fé, inviabilizando assim a socialização cristã primária"[122]. No mundo urbano, arrefeceram consideravelmente alguns valores da vida cristã. A Igreja perde com isso e compromete o protagonismo laical. Os adultos, diante desses acontecimentos: uns se afastam da Igreja, outros a buscam com propósitos de progredir como cristãos. É tarefa nossa suscitar saída das mordaças do comodismo e conformismo do "tá tudo bem, tá tudo bom". A efetivação dos projetos pastorais terá maior credibilidade se forem confrontados com a realidade e a partir de atitudes, em consonância com o Evangelho. A dinâmica pastoral aponta horizonte otimista para a vida da Igreja.

> Diante disso, há cristãos e agentes de pastoral que assumem atitudes passivas e resignadas, olhando com ceticismo para uma realidade que não conseguem compreender. Outros refugiam-se numa atitude imediatista, lutando por valores em que acreditam, mas a partir de uma visão simplificada da sociedade, sem cuidar de compreender sua diversidade e de se abrir ao diálogo com outros grupos. Há também cristãos que, movidos pela fé, buscam a transformação da sociedade[123].

A realidade social é campo privilegiado de atuação da pastoral. A interação com os vários organismos sociais deve possibilitar iniciativas de superação da pobreza. Falar sobre Jesus Cristo e sua proposta libertadora aos que não têm o mínimo para sobreviver constitui uma chaga social. Os cristãos comprometidos com o Reino dão o pão da Palavra e buscam alimentar ma-

122 CNBB. *Diretório nacional de catequese*, n. 95.

123 CNBB. *Diretrizes gerais da ação evangelizadora da Igreja no Brasil, 1999-2002*, n. 119.

terialmente as pessoas. É cômodo pensar que as grandes decisões estão nas mãos de poucos. Pode ressoar como desculpa para não se fazer planos de ação que possibilitem dignidade.

A catequese ainda hoje é compreendida, por muito, como simples repetição de doutrinas, ensinamentos "antigos" ou assuntos infantis. Quebrar esses paradigmas não é fácil. Gente de sólida caminhada eclesial prolifera essa visão reducionista de catequese[124]. O Ritual quebra essa mentalidade de catequese restrita para crianças. O itinerário de crescimento na fé aprofunda todos os elementos da vida cristã. Percebemos na realidade o afastamento dos que se dizem "católicos", porém alguns têm vida ativa na Igreja. Não pode haver doação comunitária sem que os elementos básicos do compromisso cristão estejam se realizando na comunidade eclesial. A indiferença religiosa e o abandono da Igreja Católica são dois fenômenos bem característicos de quem ainda não fez opção incondicional por Cristo. Estamos chegando num tempo em que não haverá católicos de "censo", seremos em menor quantidade. Teremos maior sentido de pertença e consciência no tocante em darmos testemunho cristão.

> Na comunidade eclesial todos têm a vocação comum de construí-la e de torná-la cada vez mais eficaz em sua missão libertadora e salvadora junto ao mundo. Pelo Batismo e Crisma, cada cristão assume sua fé, sua participação na comunidade, seu engajamento na transformação da sociedade no amor e na esperança. As vocações, no interior da Igreja, realizam a complementaridade de membros do mesmo corpo: uns como leigos, outros como ministros, ordenados ou não, outros como religiosos[125].

124 "Catequizar significa ressoar ou produzir um eco. Para São Paulo, é instruir alguém sobre o conteúdo da fé. É o Ministério da Palavra subsequente à evangelização, quer como iniciação básica dos convertidos, quer como educação permanente na fé dos batizados. Trata-se, pois, de iniciação global e pedagógica à vida cristã daqueles que aderem à fé em Jesus Cristo" (FLORISTÁN, C. *Catecumenato*... Op. cit., p. 344).

125 CNBB. *Catequese renovada: orientações e conteúdos*, n. 257.

Desse modo, cada pessoa, cumprindo sua parte na comunidade, facilitará o bom andamento, para que surta efeito evangelizador. Compreender como vive o homem contemporâneo e suas inquietações são ferramentas para facilitar o encontro do Evangelho com as pessoas. Na realidade **intraeclesial** a figura do leigo tem de ser posta em maior relevo. A estrutura clericalista de algumas realidades eclesiais dificulta os anseios do Concílio Vaticano II. Não deve haver competição entre sacerdócio ministerial (padres) e o povo sacerdotal (leigos). Formamos um só corpo, cuja cabeça é Jesus Cristo. Houve avanço da participação feminina nos ministérios pastorais. Valorizar a figura do leigo não é cortesia. São fiéis incorporados em Cristo pelo batismo e estão espalhados nos diversos contextos para darem testemunho de vida cristã. A dimensão **extraeclesial** conta com o ardor missionário dos leigos. Ser cristão perpassa maturidade a partir das realidades intra e extraeclesiais.

Muito embora estejamos conectados com o mundo e as oportunidades de solução dos problemas sejam feitas em menor tempo, há infelizmente uma escandalosa desigualdade social. O fator econômico gera dependência do homem para com os bens. O ter (consumir) sufoca o ser (dignidade e seus valores). "Um novo desafio para a Igreja atualmente é o fenômeno da globalização"[126]. A globalização, nos aspectos positivos, possibilita integração entre os países, pode criar unidade caritativa entre povos. A verdade é que uma porção pequena de países goza de prestígio e poder de decisão no cenário internacional. A sociedade é marcada pela exploração econômica. A Igreja não é indiferente a esses fenômenos. Por isso o papel da catequese é de conscientizar os jovens e adultos para que sejam imbuídos de valores cristãos e digam "não" àquilo que explora o direito à vida digna. O campo de atuação da catequese leva a transformar a realidade.

> A catequese não pode ser desencarnada da história. Sua missão é, também, contribuir para a formação de cristãos como cidadãos, justos, solidários e fraternos, corresponsáveis

126 CNBB. *Diretório nacional de catequese*, n. 63.

> pela pátria comum e pelo Planeta Terra. Nesse sentido, buscando a dinâmica da inculturação, cabe à catequese adaptar-se aos diversos grupos humanos (negros, indígenas, mestiços, adultos, jovens, adolescentes, crianças, idosos, homens, mulheres, pessoas com deficiência), em suas diferentes situações: cidade, periferias, campo, litoral e outros[127].

Esses elementos de transformação exigem união no mesmo objetivo: conscientização e concretização do Evangelho nos variados recantos do país. A catequese suscita saídas de libertação, muitas vezes instrumentalizadas por ideologias que vão de encontro ao projeto de Cristo. A Igreja latino-americana é de compromisso com as causas sociais: Medellín (Colômbia) em 1968 – enfrentamento da pobreza e presença nas estruturas sociais; Puebla (México) em 1979 – acentuou a dimensão social da fé e da vivência cristã. Opção preferencial pelos pobres; Santo Domingo (República Dominicana) em 1992 – inculturação e questões indígenas. Pondo em relevo a gratuidade do amor de Deus com os povos; Documento de Aparecida (Brasil) em 2007 – resgata os três pilares para o encontro com Jesus Cristo – chamado, discipulado e missão do cristão nos desafios.

> Num continente como a América, onde a questão social constitui uma dimensão saliente, convém ter presente na catequese que "o crescimento na compreensão da fé e a sua expressão prática na vida social estão intimamente relacionados. As forças que trabalham para favorecer o encontro com Cristo não podem deixar de ter uma positiva repercussão na promoção do bem comum numa sociedade justa"[128].

A iluminação da realidade à luz do Evangelho deve fazer parte da unidade entre a mensagem cristã e a realidade humana. A promoção huma

127 Ibid., n. 64.

128 JOÃO PAULO II. *Ecclesia in America*, n. 69.

na e o compromisso social são desdobramentos da conversão. Queremos catequese eficiente, formativa, que vivencie os valores evangélicos, porém, mesmo dentro da Igreja, existem pessoas de boa vontade que insistem no fechamento intraeclesial. Não deveria haver “divórcio” entre sensibilidade social e fé cristã. A comunhão eclesial autêntica gera cristãos no espírito de profetismo na fé. Um dos muitos desafios é usarmos metodologia e linguagem adequadas para com a realidade dos adultos, fazendo-os crescer na perseverança comunitária. Embasados no *Diretório de Catequese*, podemos elencar os principais desafios que clamam prioridade e maior qualidade para a catequese madura.

> Fazer da Bíblia realmente o texto principal da catequese; assumir o processo catecumenal como modelo de toda a catequese e, consequentemente, intensificar o uso do *Ritual de Iniciação Cristã de Adultos*; passar de uma catequese só orientada para os sacramentos, para uma catequese que introduza no mistério de Cristo e na vida eclesial; tornar efetiva a prioridade da catequese com adultos como resposta às novas exigências da evangelização e como pedem a *Catequese renovada* 130 e a *Segunda Semana Brasileira de Catequese*; [...] revisão da concepção e da práxis da catequese para ampliá-las, pois estão muito atreladas a crianças e adolescentes; formação adequada de catequistas para atuar com adultos; metodologia específica levando em conta a realidade do adulto; envolvimento pastoral dos adultos, particularmente da família, na catequese de seus filhos[129].

Certamente não é fácil lidar com os enormes desafios que a Igreja enfrenta. Percebemos o forte estilo ritualista nas celebrações comunitárias, impossibilitando a criatividade e compromisso do que se celebra. A Igreja é ainda devedora de uma linguagem que possa gerar atrativo para os jovens e adultos. No campo universitário, percebemos a ausência de reflexões maduras cristãs, mais corajosas, que tratem dos assuntos relevantes em meio às novas descobertas científicas. É grande o número de pessoas que saem da Igreja para

129 CNBB. *Diretório nacional de catequese*, n. 14 c, f, g, k; 96 a, b, c, e.

entrar em outros grupos religiosos. Satisfazer esses desafios seria o ideal, porém a Igreja caminha fazendo constantes avaliações acerca da incidência de suas atitudes pastorais, para que possa aprimorar sua atuação. Isso acontece por etapas e demanda certo tempo. O Espírito Santo vai tocando os corações, tanto dos leigos como também dos que fazem parte da hierarquia da Igreja, para que a mesma seja mais efetiva e eficiente em suas ações pastorais, tendo sempre presente a práxis libertadora de Jesus Cristo.

3.2 Retomada do modelo de catequese e celebração

A Igreja Apostólica deu valor ao ministério catequético: anúncio evangélico, educação e maturação da fé, experiência cristã, celebração dos sacramentos, integração na comunidade e testemunho existencial da Boa-nova. Vejamos a organização dos primeiros cristãos.

> Os membros da primeira comunidade cristã aparecem aí "perseverantes no ensino dos apóstolos, na união, na fração do pão e nas orações". Encontra-se aqui, sem dúvida alguma, a imagem permanente de uma Igreja que, graças ao ensino dos apóstolos, nasce e se alimenta continuamente da Palavra do Senhor, a celebra no sacrifício eucarístico e dela dá testemunho ao mundo sob o signo da caridade[130].

Catequese e celebração andam juntas desde os primórdios do cristianismo. Celebrar Deus que se revela na história do povo é reconhecer sua ação no mundo. Não podemos ficar apáticos. A Palavra de Deus assumida na vida dos adultos é motivo de alegria e responsabilidade cristã. "A Palavra nos chama sempre de novo para a mudança de vida e para a construção do Reino de

130 JOÃO PAULO II. *A catequese hoje* – Exortação apostólica *Catechesi Tradendae*, n. 10.

Deus na vida pessoal, na comunidade e no mundo"[131]. São efeitos percebidos também na celebração eucarística, em que todos estão reunidos. O perfil catequizador da comunidade dá mais propriedade aos jovens e adultos que entraram nessa dinâmica de solidariedade cristã. Não podemos perder nossas raízes para avaliar até que ponto se deve melhorar e criar ambiente de maturidade da fé.

O Ritual da Iniciação Cristã de Adultos faz uma agradável conexão litúrgica entre os sacramentos da iniciação e a celebração. Os ritos e funções das pessoas são satisfatoriamente bem distribuídos. A celebração bem participada e interiorizada é uma boa ocasião para fazermos parte da estrutura comunitária e nossa tarefa é levar a todos os lugares o testemunho de sermos cristãos maduros na fé. Os catequistas recebem atenção especial, são eles os luzeiros que guiarão nos caminhos do Evangelho os que buscam aprofundar a fé enraizada no compromisso social a partir de Jesus Cristo.

> Catequese é educar para a fé. Educamos para a fé na medida em que temos fé. Revelamos aos outros, simplesmente pelo modo de viver, o que é melhor em si e o caminho pelo qual eles vão ao Pai por Cristo[132].

Na celebração somos conscientemente estimulados a perseverar nas dimensões da missão de Jesus Cristo e da Igreja: μαρτυρία – testemunho da palavra escutada e meditada; κοινωνία – vivemos em comunidade e podemos aprofundar os gestos de solidariedade e perdão; διακονία – serviço caritativo. A comunidade que tem essa estrutura em harmonia torna-se lugar privilegiado de maturidade na fé.

A liturgia é fonte inesgotável de catequese. As celebrações litúrgicas imbuídas das palavras, ações, mensagens e sinais formam o conjunto dos elementos

131 CNBB. *Catequese renovada*: orientações e conteúdo, n. 284.

132 GARCIA, R. *Pastoral catequética*: mensagem, verdade, vida, p. 33.

catequéticos. Para que tudo isso seja claro e assimilado pela comunidade, faz-se necessária preparação e orientação – com isso, a catequese vai desempenhando o seu papel. O horizonte missionário proposto pela catequese na celebração permite sentir o grau dessa responsabilidade a cada um de nós batizados e engajados na Igreja. O que importa não é estar presente na celebração, mas sim ter consciência e participar da celebração em sua completude. Unidade entre sacrifício e banquete, ou seja, comunhão e compromisso. A mistagogia permanente se desdobra na celebração litúrgica e pelos ministérios da Igreja e melhoramento existencial das pessoas. Essa catequese converge para as convicções geradoras de vida na trajetória humana.

> Não é um exagero dizer que, sem a catequese, o programa de reforma do Vaticano II nem teria decolado. Os ritos litúrgicos certamente teriam chamado a atenção das pessoas por causa de sua novidade, porém, na ausência da catequese, seu interesse inicial teria diminuído logo. Para muitas, eles teriam parecido um novo recurso para trazer as pessoas de volta à Igreja. Sem a catequese, o programa pós-conciliar de inculturação litúrgica, que está à frente de cada Igreja local, não pode avançar[133].

A certeza de que a caminhada catequética "irriga" a vida da Igreja não é novidade. A busca de investimentos arrojados: capacitar os catequistas, criação de ambientes propícios para reuniões e, não algo improvisado, avaliações da incidência dessa catequese na vida cotidiana dos beneficiados, tudo isso e mais outros quesitos bem contextualizados devem ser fomentados. A comunidade tem de possibilitar clima favorável à catequese. Para tanto, alguns passos iluminam tal meta: a acolhida dos membros da comunidade nessa maneira leve de lidar com os vários encontros que ocorrem podem ser ocasião de ressaltar os elementos da catequese. Isso pode ser feito nas novenas, terços,

133 CHUPUNGCO, A.J. *Inculturação litúrgica...*, p. 147.

festas do padroeiro, grupos de reflexão, círculos bíblicos, grupos de oração, grupos de caridade e demais encontros de participação que tenham notabilidade na comunidade de fé.

Às vezes, de tanto esperar ou idealizar grandes eventos para ressaltar a catequese, muitas pessoas perdem oportunidade de começar, com gestos simples, a dar passos significativos. Em muitas realidades a demora em dar o primeiro passo faz com que percamos chances de catequizar as pessoas da comunidade. Essa descoberta da aprendizagem é expressão de solidariedade, em que se pode integrar fé e vida. Esse aprendizado é fruto também de situações conflituosas passadas pelas pessoas. Sensibilidade perante a realidade deve levar o cristão à tomada de posição em meio a tanta injustiça que acontece diariamente. Onde existem excluídos, crianças de rua, idosos sendo desrespeitados, enfermos em estado terminal sem assistência digna, desempregados, a Igreja se faz presente no alívio da dor desse povo que sofre, porém, tem esperança de saída dessas realidades. Tudo isso é ocasião de celebração, em que todos nós colocamos no altar do Senhor nossas dores e alegrias, decepções e esperanças. Cremos na ação de Deus que renova o coração do homem e dá-lhe força para lutar diariamente por um mundo melhor, não obstante tantos sinais de morte. O cristão celebra e recomeça na perspectiva de revigoramento da fé e esperança no Cristo ressuscitado que transforma os corações fatigados.

> Onde a celebração da Eucaristia e dos sacramentos seja expressão da presença viva de Jesus na comunidade com liturgias vivas e dinâmicas, integradas na vida e nos acontecimentos. A contemplação do mistério de Cristo, no decorrer do ano litúrgico, é expressão concreta da vivência cristã (CR 299). Nesses ambientes valorize-se o culto dominical nas comunidades e a presença dos ministros da Palavra[134].

134 CNBB. *Diretório nacional de catequese*, n. 302 c.

A catequese com adultos é referência para a Igreja. Mesmo quando se catequizam as crianças se tem em vista o crescimento na maturidade humana e espiritual segundo o Homem Perfeito, que é Cristo. Aos poucos contemplamos bonitas experiências de iniciação cristã nas dioceses e paróquias. Podemos avançar mais na formação de cristãos comprometidos com o Evangelho e com um mundo melhor.

3.3 Perspectivas de aplicação do Rica

O Ritual atende a diversas situações em meio a flexibilidade da aplicação litúrgico-pastoral que envolve a pessoa. Muitos batizados abandonaram a fé professada na comunidade, práticas cristãs sem consistência e outros desejam retomar a caminhada eclesial. É aqui o valor do itinerário marcado por tempos e etapas que envolvem ritos e celebrações. A preparação segue o ritmo dos adultos. Tudo isso pede nas dioceses e paróquias estrutura favorável ao acompanhamento pedagógico proposto pelo Rica.

> Comunidade e acompanhamento pessoal são a base de tudo. Mais ainda: catecumenato aprende-se a fazer fazendo, pouco a pouco, sem desejar algo completo logo no começo. No Brasil e em outros países do mundo as comunidades católicas estão (re)aprendendo a fazer iniciação cristã e catecumenato[135].

Muitos ainda não conhecem a aplicação do Rica. Alguns acham exigente, há comodismo em montar equipes à luz da proposta catecumenal. A identidade cristã deve ser reforçada através de formações e encontros. O não conhecimento do Ritual, por alguns, não tira a responsabilidade da catequese

135 CNBB. *Segunda Semana Brasileira de Catequese*, p. 253.

com adultos e sua maturação da fé. Devemos enriquecer pastoralmente as intuições do Rica. Isso pode ser percebido quanto aos escritos da Igreja conciliar[136], no resgate dos pontos positivos referentes à iniciação cristã da Igreja patrística. Não mais era viável a desobriga sacramental, os frutos dessa prática confirmavam o catolicismo de estatística. A maturação da fé, evidenciada pelos tempos e etapas que o Rica apresenta, bem trabalhados, será multiplicadora de agentes pastorais comprometidos com a vida cristã.

> É conveniente ressaltar algumas características muito positivas do Rica: a) a proposta de processo, com tempo, etapa, celebrações; b) a ligação, estreita união entre os sacramentos de iniciação; c) a importância da comunidade eclesial e da celebração litúrgica; d) a iniciação voltada para a conversão, a relação pessoal e contínua com Deus; e) a iniciação cristã como tarefa dinâmica, criativa, celebrativa[137].

Bispo, sacerdote, padrinho/madrinha e catequista devem priorizar a iniciação cristã a partir de pessoas com estrutura sólida para fluir esse processo catecumenal. Na pastoral são cobrados resultados, porém eles não acontecerão sem que não abramos os olhos para os jovens e adultos que vêm reafirmar a fé. À pergunta "O que temos para oferecer?", é importante responder: não devemos subestimar as potencialidades das regiões e situações eclesiais. Isso começa com pequenos gestos de acolhida e tentativa de passar a certeza que vale a pena ser cristão. Cristo é a melhor proposta. Unidos podemos dar passo para a aplicação do Rica. A *Segunda Semana Brasileira de Catequese*, realizada em 2001, deveria ser livro de cabeceira. A leitura desse texto situa-nos sobre as dificuldades e projetos para a efetivação da catequese e acompanhamento segundo a realidade dos jovens e adultos. Não esqueçamos a precedência do Rica.

136 Para análises das motivações conciliares remetemo-nos aos seguintes escritos: SC 64-70; AG 14 e 16; LG 14, 15, 17 e 26; CD 14 e PO 6.

137 IRMÃO NERY. Op. cit., p. 136-137.

> Sem dúvidas este *Ritual*, infelizmente tão pouco conhecido e aplicado, é um dos mais completos. E, logicamente, não se trata apenas de um ritual, apesar do nome a ele dado, mas de todo um caminho catecumenal, um "noviciado" para ser cristão. Quanto à adaptação e ao aperfeiçoamento, é algo evidente, por se tratar de um texto-base para o mundo todo, o que exige levar em conta as situações culturais, itinerários pessoais, a realidade sociopolítica e outras circunstâncias[138].

Recomeçando e avaliando a caminhada catecumenal, chegaremos ao aprimoramento. Surgirá naturalmente, sem demasiadas expectativas, mas sim, aplicação paulatina. A Igreja tem dado saltos positivos no campo pastoral. A Palavra de Deus atingiu proporções, ou seja, a Bíblia é meditada com frequência. A *leitura orante da Bíblia* aproxima e desamedronta as pessoas dos textos. A *renovação litúrgica* conseguiu aproximar os leigos da Igreja, não apenas como meros assistentes da liturgia. Os ministérios laicais dinamizam a vida eclesial. O diaconato permanente é abertura da Igreja que recebe irmãos na santidade e doação da vida. Quantos sacerdotes respeitados pelo testemunho de mestres e pastores zelosos. No cenário nacional e internacional destacam-se pessoas de Igreja na luta por questões humanitárias.

Numa visão pontual, quanto às dificuldades práticas do Rica, ressaltamos que, embora seja montado um grupo de acompanhamento dos jovens e adultos, faz-se necessário o cuidado para que não seja uma espécie de gueto, algo fechado, sem ligação pastoral com a Igreja. O catecumenato não pode ser confundido com o caminho do neocatecumenato. São duas coisas bem distintas, muito embora os termos sejam mais ou menos similares. Várias pessoas buscam um imediatismo sacramental, não se importando com a maturação da fé, tendo em vista os sacramentos, mas sim de recebê-los o mais breve possível. Isso impossibilita o percurso do processo catecumenal com suas respectivas etapas. As igrejas locais precisam reeducar as pessoas na valorização dos efeitos profundos e de maturação da fé. Não é o tempo que importa, mas até

138 Ibid., p. 137.

que ponto as pessoas estão predispostas ao encontro verdadeiro com Cristo. A pressa no recebimento dos sacramentos beira ato social. A consequência dessa postura é a perda do essencial para a valorização do que é efêmero. A realidade nos aponta essas atitudes no povo. Outra dificuldade é na competência e disponibilidade dos catequistas, acompanhantes e padrinhos/madrinhas. Os jovens e adultos necessitam de acompanhamento e cuidado, pois vêm de diversas realidades. Deparamo-nos com situações de evolução, ou seja, não são crianças e adolescentes os recebedores de tais formações, mas sim um público mais exigente e questionador.

> Cabe à comunidade cristã acompanhar a organização da catequese, a qualificação dos catequistas e a acolhida dos catequizados. Assim a ação catequética torna-se uma mútua responsabilidade, uma fonte de troca de experiências e de crescimento entre os catequistas e a comunidade cristã[139].

Devemos andar próximos do povo. Só assim teremos mais pessoas e sentido de comunidade no planejamento e concretização das orientações do Rica. Se a Igreja não priorizar o catecumenato com os jovens e adultos, não teremos em médio prazo o que oferecer a essas pessoas quanto aocompromisso comunitário. Motivar os convertidos para esse trabalho catecumenal e capacitá-los é imperativo pastoral. É o convite para sair dos nossos manuais e documentos em busca da práxis pastoral que exige de nós ousadia eclesial. O que falta à criatividade humana, o Espírito Santo nos impulsiona em missão.

> Trata-se de uma experiência que introduz os cristãos numa profunda e feliz celebração dos sacramentos, com toda a riqueza de seus sinais. Desse modo, a vida vem se transformando progressivamente pelos santos mistérios que se celebram, capacitando os cristãos a transformar o mundo. Isso é o que se chama "catequese mistagógica"[140].

139 CNBB. *Diretório nacional de catequese*, n. 237.

140 *Documento de Aparecida*, n. 290.

Muito embora alguns digam que falta ao Rica o específico da catequese[141], isso não é motivo suficiente para desmotivação na aplicação pastoral do Ritual. A Igreja tem longa e sólida orientação de como se faz catequese. O fundamental é, aos poucos, colocar em prática com as devidas adaptações ao contexto dos jovens e adultos. Cada comunidade deve ser criativa e prudente para surtir efeito os tempos e etapas da iniciação cristã. Tentar mostrar que o Deus-Trindade não é algo distante de nós é resgatar a vida relacional da inspiração divina na concretização dos projetos eclesiais e sociais que valorizem a dignidade da pessoa humana. O chamado de Deus é ligação direta com o engajamento de caridade junto aos necessitados. A Igreja desperta a conversão do coração.

> Para que esse processo [...] aconteça, é preciso procurar inspirar-se no catecumenato dos primeiros séculos, com suas etapas, ricas de convivência, oração, celebrações, diálogo, estudo, exigências de mudança de vida[142].

A perseverança depois do recebimento dos sacramentos da iniciação cristã é composta de mistagogia permanente a ser estimulada nas pastorais, grupos e movimentos. O adulto frutifica os sacramentos na comunidade.

Nesse processo bonito de maturidade na fé são necessárias qualidades dos agentes da catequese, sólida maturidade humana, utilização das modernas ferramentas que facilitem o aprimoramento da catequese para que, consequentemente, formemos adultos ardentes de amor à experiência com o Senhor, de comprometimento com a comunidade. Esse conjunto é um valor inegociável para o Rica, visto ser parte da dinâmica catecumenal e da espiritualidade, que é "aroma" da íntima missão em Cristo. Tal missão consiste em abrir corações e mentes para atitudes transformadoras. Formação continuada

141 Cf. IRMÃO NERY. Op. cit., p. 136. • Pe. Domingo Ormonde, professor de Liturgia e membro da Rede Celebra. • CNBB. *O itinerário da fé na "iniciação cristã de adultos"*, p. 164. • FLORISTÁN, C. Op. cit., p. 170-171.

142 CNBB. *Diretório nacional de catequese*, n. 332.

alimenta a espiritualidade e motiva-nos para a concretude dos valores evangélicos. Cabe a nós, Igreja, a aplicação do Rica, levando a bom termo as variadas realidades eclesiais. Esses fatores nos ajudarão na preparação do adulto ao dar-lhe suporte para efetivação dos valores cristãos, para fluir a maturidade da fé em contínua experiência de ressurreição.

Considerações finais

Ultimamente a Igreja tem avançado bastante na organização e concretização da catequese com jovens e adultos. Precisamos avançar mais. A cada dia novos catequistas se colocam a serviço da Boa-nova do Senhor em suas comunidades. A princípio, para criar raiz, a metodologia catecumenal pode ser compreendida em quatro passos:

1) a comunidade toma consciência de que o estilo catecumenal assumido em sua inspiração é de fundamental importância para a "saúde" da catequese experiencial para jovens e adultos;

2) apropriação dos conceitos principais do catecumenato. Ao falarmos de conceitos não estamos chamando atenção para algo denso ou estritamente acadêmico. São estudo e formação específicos para surgir inspirações concretas de ação;

3) segurança na aplicação da metodologia catecumenal, para tanto é necessário saber manusear bem o Rica, com os tempos e etapas próprios desse percurso catequético transformador. Nesse âmbito a liturgia se torna ambiente privilegiado para motivar os jovens e adultos. É bom lembrar que catecumenato não é verniz ou ajuste de última hora. Não é só questão de cronograma, é mesmo de planejamento pastoral a médio e longo prazos;

4) a comunidade beneficiária de jovens e adultos maduros na fé faz florescer a Igreja com novos ministérios e ardor evangelizador. Isso faz parte da conversão pastoral, tão trabalhada recentemente na Igreja.

Tomara que sigamos esses passos sem atropelar os anteriores. Planejamento é uma das palavras imprescindíveis nesse processo catecumenal.

> O itinerário catequético com os adultos, entre tantos valores, busca despertar a consciência e atuação do ministério (diaconia) que eles, no tempo oportuno, devem exercer na comunidade. Como nos falam as Diretrizes Gerais da Ação Evangelizadora da Igreja no Brasil 2011-2015, n. 89, "as pessoas não buscam em primeiro lugar as doutrinas, mas o encontro pessoal, o relacionamento solidário e fraterno, a acolhida, vivência implícita do próprio Evangelho"[143].

Quando pensamos em catequese transformadora, nos lembramos dos agentes ou conjunto de pessoas e ministérios que ajudam a fluir esse processo catequético com os jovens e adultos. A abertura de um novo modelo de paróquia, "nesse sentido, padres, catequistas, e a própria comunidade precisam de uma conversão pastoral para rever a catequese de adultos, jovens, adolescentes e crianças"[144]. Se torna terreno aberto para enraizar a metodologia catecumenal. Acreditamos ser o catecumenato via favorável para responder muitas demandas evangelizadoras das comunidades. Antes de tudo a conversão pastoral já deve estar em andamento para que a comunidade sinta-se coparticipante na vida nova assumida no testemunho desses jovens e adultos, que irão enriquecer a comunidade com seus dons e talentos, fazendo acontecer protagonismo evangelizador na comunidade de fé.

143 ALVES, G.S. "A mistagogia da Palavra – Uma leitura catequética de Jo 1,1-18. Goiânia: Pontifícia Universidade Católica de Goiás, p. 16 [Artigo científico – Especialização em Pedagogia Catequética].

144 CNBB. *Comunidade de comunidades*: uma nova paróquia, n. 269.

Referências

Acta synodalia Sacrosancti Concilii Oecumenici Vaticani II. Vaticano: Typis Polyglottis Vaticanis, 1970-1971. Vol. 1, periodus prima, § 2, 315, n. 13. Apud LELO, A.F. *A iniciação cristã: catecumenato, dinâmica sacramental e testemunho*. São Paulo: Paulinas, 2005.

ALMEIDA, A.J. *ABC da iniciação cristã*. São Paulo: Paulinas, 2010.

ALVES, G.S. *A mistagogia da Palavra* – Uma leitura catequética de Jo 1,1-18. Goiânia: PUC Goiás, 2014 [Artigo científico – Especialização em Pedagogia Catequética.

Bíblia do Peregrino. 3. ed. São Paulo: Paulus, 2011.

BOFF, L. *A fé na periferia do mundo*. Petrópolis: Vozes, 1978.

BOROBIO, D. *Catecumenado e iniciación cristiana*. Barcelona: [s.e.], 2007.

_____. *La iniciacion cristiana*: Bautismo, educacion familiar, Primera Eucaristia, catecumenado, confirmación, comunidad cristiana. Salamanca: Sígueme, 1996.

Catecismo da Igreja Católica. Petrópolis: Vozes, 1999.

CHUPUNGCO, A.J. *Inculturação litúrgica*: sacramentais, religiosidade e catequese. São Paulo: Paulinas, 2008.

Código de Direito Canônico. 11. ed. São Paulo: Loyola, 2001.

CODINA, V. & IRARRAZAVAL, D. *Sacramentos de iniciação* – Água e espírito de liberdade. Petrópolis: Vozes, 1988.

COMISSÃO EPISCOPAL PASTORAL PARA A ANIMAÇÃO BÍBLICO-CATEQUÉTICA. *Itinerário catequético* – Iniciação à vida cristã: um processo de inspiração catecumenal. Brasília: CNBB, 2014.

Compêndio do Vaticano II. Petrópolis: Vozes, 2000.

CNBB. *Comunidade de comunidades*: uma nova paróquia. São Paulo: Paulinas, 2014 [Documentos da CNBB, n. 100].

______. *Diretrizes Gerais da Ação Evangelizadora da Igreja no Brasil 2011-2015*. Brasília: CNBB, 2011 [Documentos da CNBB, n. 94].

______. *Diretório Nacional de Catequese*. 6. ed. São Paulo: Paulinas, 2008 [Documentos da CNBB, n. 84].

_____. *Segunda Semana Brasileira de Catequese*. São Paulo: Paulinas, 2001 [Estudos da CNBB, n. 84].

_____. *Diretrizes Gerais da Ação Evangelizadora da Igreja no Brasil 1999-2002*. São Paulo: Paulinas, 1999 [Documentos da CNBB, n. 61].

_____. *Catequese renovada*: orientações e conteúdo. São Paulo: Paulinas, 1983 [Documentos da CNBB, n. 26].

Documento de Aparecida – Texto conclusivo da V Conferência Geral do Episcopado Latino-americano e do Caribe. São Paulo: Paulinas, 2007.

ESPEJA, J. *Sacramentos*. Petrópolis: Vozes, 1992.

FLORISTÁN, C. *Catecumenato* – História e pastoral da iniciação. Petrópolis: Vozes, 1995.

GARCIA, R. *Pastoral catequética*: mensagem, verdade, vida. São Paulo: Ave-Maria, 1965.

HAMMAN, A. *Os Padres da Igreja*. São Paulo: Paulinas, 1980.

______. *El batismo y la confirmación*. Barcelona: Helder, 1970.

HIPÓLITO DE ROMA. *Tradição apostólica* – Liturgia e catequese em Roma no século III. Petrópolis: Vozes, 1971.

IRMÃO NERY. *Catequese com adultos e catecumenato*: história e proposta. São Paulo: Paulus, 2001.

JOÃO PAULO II. *Ecclesia in America* – A Igreja na América. São Paulo: Paulinas, 1999.

______. *A catequese hoje* – Exortação Apostólica *Catechesi Tradendae*. São Paulo: Paulinas, 1985.

KAVANAGH, A. *Batismo* – Rito da iniciação cristã: tradição, reformas, perspectivas. São Paulo: Paulinas, 1987 [Trad. de M. Lamego].

LELO, A.F. *A iniciação cristã*: catecumenato, dinâmica sacramental e testemunho. São Paulo: Paulinas, 2005.

MARSILI, S. et al. *Panorama histórico geral da liturgia*. São Paulo: Paulinas, 1986.

NOCENT, A. "Iniciação cristã". In: SARTORE, D. & TRIACCA, A.M. (orgs.). *Dicionário de Liturgia*. São Paulo: Paulinas, 1992 [Trad. de I.F.L. Ferreira].

Padres Apostólicos. São Paulo: Paulinas, 1995 [Trad. de I. Storniolo e E.M. Balancin].

PAPA FRANCISCO. Exortação Apostólica *Evangelii Gaudium*. 3. reimp. São Paulo: Paulinas, 2014.

Ritual da Iniciação Cristã de Adultos. 4. ed. São Paulo: Paulus, 2007.

ROCCHETTA, C. *Os sacramentos da fé*. São Paulo: Paulinas, 1991.

O autor

Gilberto Siqueira Alves, frade capuchinho e presbítero da Província São Francisco do Ceará e Piauí. Licenciado em Filosofia, Bacharelado em Teologia, Curso de Extensão em Acompanhamento Espiritual Franciscano pela Estef, especialista em Docência do Ensino Fundamental, Médio e Superior e em Pedagogia Catequética pela Pontifícia Universidade Católica de Goiás (PUC-GO). Há vários anos se dedica à reflexão e aplicação prática da metodologia catecumenal nas comunidades. Assessora assembleias e formações de catequese. Atualmente leciona Teologia Bíblica na Escola Diaconal São Francisco de Assis da Arquidiocese de Teresina – PI. Vigário paroquial na Paróquia São Benedito, em Teresina.